일본어회화

둘째고비
쉽게넘기
Roleplay

저자·山内博之

◉ 목 차 ◉

이 책의 사용방법　　　　　　　　　　　　　　　　　　　　　　　　5

第1課　レストラン・喫茶店で

ユニット1　注文のときに
　　ロールプレイ：①天丼　②アイスコーヒー　③スパゲティ、まだ？　　14
ユニット2　お金を払うときに
　　ロールプレイ：①お金が足りない！　②あっ、財布がない！　③高すぎるぞ！　　18

第2課　友達と

ユニット1　授業のあとで
　　ロールプレイ：①ちょっと一杯　②カラオケボックス　　24
ユニット2　休みの日に
　　ロールプレイ：①いい湯だな！　②キャンプだ、ホイ！　③デート　　24
ユニット3　勘違い
　　ロールプレイ：①待ち合わせ（1）　②待ち合わせ（2）　　32
ユニット4　旅　行
　　ロールプレイ：①旅行の楽しみ　②新婚旅行　　36

第3課　アパート・マンションで

ユニット1　ルームメートと
　　ロールプレイ：①国の母親　②国の友達　　42
ユニット2　知っている人と
　　ロールプレイ：①ペット物語　②家の管理　③私の車　　46
ユニット3　あまり親しくはない人と
　　ロールプレイ：①のら猫　②のら犬　③捨て猫　　50
ユニット4　顔だけは知っている人と
　　ロールプレイ：①うるさいぞ！（1）　②うるさいぞ！（2）　③うるさいぞ！（3）　　54

第4課　ハプニング！

ユニット1　人について説明する（1）
　　ロールプレイ：①友達の友達　②恋人紹介　　60
ユニット2　人について説明する（2）
　　ロールプレイ：①酔っ払い　②二人は恋人？　③けんかをやめて！　　64
ユニット3　部屋の中を説明する
　　ロールプレイ：①きたない部屋　②パーティーのあとかたづけ　　68

ユニット4　機械について説明する
　　　　ロールプレイ：①こわれたワープロ　②こわれたビデオデッキ　　　　72
　　ユニット5　事故について説明する
　　　　ロールプレイ：①友達の車　②友達の自転車　　　　　　　　　　　76
　　ユニット6　言い訳する
　　　　ロールプレイ：①今日も遅刻！　②クーラーの行方？　③友達の"顔"　80

第5課　街のどこかで

　　ユニット1　ファッション
　　　　ロールプレイ：①民族衣装　②美容院に行こう！　③おもしろいファッション　86
　　ユニット2　映　画
　　　　ロールプレイ：①映画の話　②レンタルビデオ屋さん　　　　　　　90
　　ユニット3　料　理
　　　　ロールプレイ：①ふるさとの味　②外食？自炊？　　　　　　　　　94
　　ユニット4　スポーツ
　　　　ロールプレイ：①国技紹介　②ルール、知らないの？　③いい汗かいてる？　98
　　ユニット5　「晴れ」の日
　　　　ロールプレイ：①私の国の結婚式　②国民の行事・習慣　③友人代表　102

第6課　学校で、職場で

　　ユニット1　ゼミ旅行
　　　　ロールプレイ：①ゼミ旅行とアルバイト　②ゼミ旅行と母の来日
　　　　　　　　　　　③お別れパーティーとアルバイト　　　　　　　　　108
　　ユニット2　合　宿
　　　　ロールプレイ：①合宿　②残業　③パソコンの安売り　　　　　　　112
　　ユニット3　説明会・発表会
　　　　ロールプレイ：①新製品の説明会　②約束の車　③発表の順番　　　116
　　ユニット4　私の先生
　　　　ロールプレイ：①私の本なのに……　②先生の送別会　　　　　　　120

第7課　悩みごと相談

　　ユニット1　結婚について
　　　　ロールプレイ：①国際結婚　②じれったい彼　③はっきりしない彼女　126
　　ユニット2　健康について
　　　　ロールプレイ：①食事当番　②ヘビースモーカー　③涙の留学生生活　132

後記　　　　　　　　　　　　　　　　　　　　　　　　　　　　　　　137

●이 책의 사용방법 ●

1. 특징

　이 책은 초급 학습을 마치고, 간단한 일상 회화가 가능한 학습자를 위해 만들어진 회화 연습용 교재입니다.
　이 교재에는, 아래와 같은 세 가지 특징이 있습니다.

(1) 「과제 선행형」의 롤플레이

　　　롤플레이 방식에는 두 종류가 있습니다. 하나는 「표현 선행형 롤플레이」, 또 하나는 「과제 선행형 롤플레이」입니다. 양자의 학습 순서의 차이는 다음과 같습니다.

　(a) 표현 선행형 : 표현의 도입·연습 → 롤플레이(정착 학습 확인)
　(b) 과제 선행형 : 롤플레이(능력을 시험해 봄) → 표현의 도입·연습

　　현재 실시하고 있는 회화 교육 방식은, 거의 「표현 선행형」입니다. 표현 선행형 롤플레이에서는 먼저 예를 들어 「～てもらい」해 줄 수 없습니까」, 「～해 받을 수 없습니까」 등의 표현을 도입하고, 연습(반복 연습 등)을 합니다. 그리고나서 학습한 내용을 확인하기 위해, 그 과에서 배운 표현을 이용하여 롤플레이를 합니다. 이와 같은 방법은 위험은 없지만 효과가 크지 않다는 결점이 있습니다.
　　이 책의 방식은, 「과제 선행형」, 즉 먼저 과제(롤플레이)에 집중하여 일본어 능력을 시험해 보는 것입니다. 그리고, 만약 그 롤플레이가 능숙하게 되면 그 시점을 시작으로, 그 회화에 필요한 표현·문형·단어 등을 도입하여 연습하도록 합니다.
　　초급 학습자라면 「표현 선행형」이 좋을지도 모르지만, 중급 이상의 학습자인 경우에는 기본적인 회화 능력이 이미 어느 정도 갖추어져 있기 때문에, 먼저 능력을 시험해 보는 것이 더욱더 중요하지 않을까 생각합니다.
　　「과제 선행형」의 경우는, 그 시점에서 가지고 있는 언어 능력을 총동원하여 내용을 추리하는 것이므로 실제의 언어 생활에 보다 가깝고, 따라서 진지한 맛이 있고, 학습 효과도 있을 거라고 생각합니다.

(2) 별책 『교사용 매뉴얼』

　　　「과제 선행형」의 롤플레이 학습은 학습자에 먼저 롤플레이를 하게 하고 나서, 거기서 발견된 언어적 좌절(잘 말하지 못하거나, 정확성이 극도로 떨어지는 부분)에 대하여, 적절한 표현이나 문형·단어 등을 체크해 가는 것입니다. 이러한 방법은, (1)

에서도 서술하였듯이, 학습자에게는 상당히 효과가 있으리라고 생각합니다. 그러나, 교사는, 어떤 언어적 좌절이 일어나고, 어떤 표현을 도입하게 될지를 수업 전에 알 수 없기 때문에 사전에 준비해 둘 수 없는 상황이 발생합니다.

그래서 참고해야 하는 것이 『교사용 매뉴얼』입니다. 『교사용 매뉴얼』에는, 어떤 롤플레이 때에 어떤 표현을 도입하면 좋은가를 정리해 두었습니다. 물론, 학습자가 범할 만한 잘못을 완전히 다 예측하는 것은 불가능하지만, 『교사용 매뉴얼』을 잘 읽으면, 도입해야 할 중요한 표현, 즉 그 롤플레이의 열쇠가 되는 표현을 알 수 있습니다. 꼭 수업 전에 읽고 참고해 주십시오.

(3) 쉬운 단계 → 어려운 단계의 롤플레이 배열

이 책은, 제1과 「レストラン・喫茶店で」, 제2과 「友達と」, 제3과 「アパート・マンションで」, 제4과 「ハプニング」, 제5과 「街のどこかで」, 제6과 「学校で・職場で」, 제7과 「悩みごと相談」과 같이, 주로 「장면」에 의해 과가 나뉘어져 있는데, 그 안에 포함되어 있는 롤플레이는 뒤로 갈수록 조금씩 어려워지도록 배열되어 있습니다. 즉, 일본에서 생활한 학습자가 우연히 마주치게 될 「장면」이 쉬운 것부터 어려운 것으로 단계적으로 나옵니다.

이 책은 성인 학습자가 일본인과의 교류 가운데 자주 접하는 장면이나 화제를 중심으로 만들었습니다. 쉬운 단계에서 어려운 단계로 배열한 롤플레이의 「기능」에 관해서는, 중급 학습자가 상급에 이르기 위해 필요한 것이 거의 다 포함되어 있지 않을까 생각합니다. 따라서 이러한 롤플레이를 학습해 나가면, 생활면에서 상급 레벨에 도달할 수 있습니다.

시작 부분의 롤플레이는 초급 학습이 끝난 직후의 학습자가 쓰기에 꼭 알맞은 레벨이며, 마지막 부분은 상급에 막 들어간 학습자에게 꼭 알맞은 레벨로 맞추어져 있습니다. 그러나 그렇다고 해서 반드시 모든 롤플레이를 순서대로 할 필요는 없습니다. 수업 시간을 충분히 가질 수 없는 자원봉사 일본어 교실이나 개인 교습 등에서는, 롤플레이를 취사 선택하여 각각의 상황에 맞추어 코스 설계를 해 주십시오.

2. 구성

이 책은 7개의 「과」가 있고, 그리고 각각의 과 안에는 2개~6개의 단원이 있습니다. 과에 따라 단원 수가 상당히 다른데, 그 이유는 중급 학습자의 레벨을 올리기 위한 보다 효과적이고 질 좋은 롤플레이를 우선적으로 게재하는 실용주의적 측면을 하고, 외견적인 체재는 그 다음으로 생각했기 때문입니다.

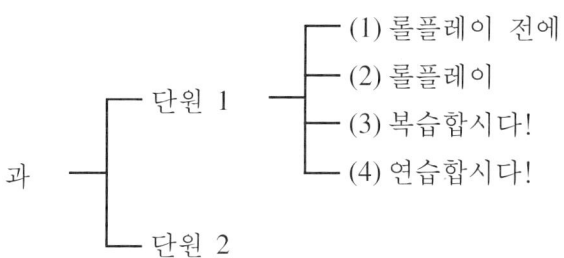

3. 수업 예

각 단원은「(1) 롤플레이 전에」,「(2) 롤플레이 ①②③」,「(3) 복습합시다!」,「(4) 연습합시다!」의 4개 부분으로 되어 있습니다. 이 구성을 그림으로 나타내면, 위와 같이 됩니다. 각 과와 단원의 내용에 관해서는 목차를 참조해 주십시오.

각 단원의 흐름은 아래와 같습니다. 90분 수업의 경우 1단원을 거의 2장면(합계 180분)으로 하면 무난합니다.

첫째 장면(90분)
(1) 롤플레이 전에(15분)
    워밍업 및 동기 부여. 롤플레이에 의욕적으로 몰두할 수 있도록, 롤플레이의 내용에 대한 관심을 높인다.

(2) 롤 플레이 ①② (75분)
    【페어 연습(15분) → (발표 → 표현·문형·단어의 도입) (10분×6조＝60분)】
    롤 카드 ①의 내용을 이해시킨 후, 조 연습을 한다. 그 후, 한 조씩 발표시키고, 제대로 말하지 못했던 표현이나 단어를 도입한다. 4조 정도부터는, 조 연습 없이「롤플레이 ②」를 발표시킨다. 시간은 발표하는 조의 수에 따라 다르기 때문에 적당히 조정한다.

둘째 장면(90분)
(3) 롤플레이 ③ (20분)
    전회의 복습. 간단한 도입 후, 2, 3조의 페어에게 발표를 시킨다.
    롤플레이가 2개밖에 없는 단원에서는, ①과 ②의 복습을 한다.

(4) 복습합시다！(30분)
    회화의 흐름을 쫓으면서 전회 연습한 롤플레이의 전체적인 복습을 한다.

(5) 연습합시다 ! (40분)

　　롤플레이 가운데에서 특별히 중요하다고 생각되는 표현이나 단어를 사용하여 연습한다.

4. 수업 때의 포인트

실제로 수업을 할 때의 포인트 5개를 적어 보겠습니다.

(1) 조별 연습

　　조별 연습은, 일본어 능력이 거의 비슷한 사람끼리 조를 짜게 하는 것이 좋습니다. 학습자의 인원 수가 홀수라면, 교사도 조별 연습에 참가해 주십시오.
　　연습 시간은 5~10분 정도가 적당합니다. 페어 연습을 할 때, 교사는 기본적으로 보고 있을 뿐이지만, 학습자로부터 질문이 있는 경우에는 대답해 주어도 좋습니다. 또 연습할 때에 학습자가 틀린 일본어를 말해도, 특별히 정정할 필요는 없습니다. 커뮤니케이션에 지장을 초래할 정도의 잘못이라면 상대가 되물을 것이고, 언어 형식의 정확성보다도 과제를 달성할 수 있는 것이, 즉 할당된 역할의 목적을 달성할 수 있는 것이 중요합니다.
　　또 부자연스러운 일본어로 이야기해서 상대방이 되물었을 때 어떠한 전략을 이용해 대처하는 것은, 학습자의 일상 커뮤니케이션에서도 종종 일어날 수 있는 일입니다. 학습자의 틀린 일본어를 듣고, 바로 그 장소에서 정정해 버리는 것은 바꾸어 말하면 전략의 연습 기회를 학습자로부터 빼앗아 버리는 것이 됩니다.
　　조별 연습을 하면 알지 못했던 표현을 서로 가르쳐 주는 조가 자연히 나오는데, 그것도 자율 학습이 이루어지고 있는 징조라고 생각하고 학습자의 자율에 맡겨 두는 것이 좋습니다.

(2) 발표

　　조별 연습이 끝나면 한 조씩 다른 학습자들 앞에서 그 롤플레이를 연기하게 합니다.
　　롤플레이를 다 연기했을 때에는, 반드시 클래스 전원이 박수를 치도록 지도해 주십시오. 롤플레이를 연기한 조도 박수를 받으면 기분이 좋으며, 또 자칫 다른 사람의 롤플레이를 듣고 해이해지는 다른 학습자들의 주의를 끄는 데에도 효과적입니다.

(3) 표현·문형·단어의 도입

　　롤플레이 발표가 끝나면, 그 롤플레이에서「언어적 좌절」을 지적하고, 표현이나 문형 등을 도입합니다. 표현·문형의 도입은 그 조의 롤플레이가 끝난 직후에 하기 때문에, 「발표」와 「표현·문형의 도입」은 조의 수만 반복하게 됩니다.

또, 「언어적 좌절」을 지적하여 표현이나 문형을 도입할 뿐만 아니라, 도입하고 싶은 표현을 학습자가 먼저 말했거나 학습자가 뭔가 좋은 표현을 사용했을 때에는 그것을 칠판에 쓰고 많이 칭찬해 주십시오. 그 학습자의 용기를 북돋우는 것도 되고, 다른 학습자에게도 좋은 공부가 됩니다. 이와 같은 스타일의 롤플레이 학습에 그다지 익숙하지 않은 동안에는, 「언어적 좌절」을 지적하고 표현을 도입하기 보다도, 좋은 표현을 지적하는 것에 중점을 두는 쪽이 학습자에 저항감이 없고 좋은 것 같습니다.

어쨌든 실제로 롤플레이를 해 보기 전에는 어떤 「언어적 좌절」 혹은 어떤 좋은 표현이 나올지 모르는 것이, 이 「과제 선행형 롤플레이」의 가장 "난점"이며, 또 반대로 재미있는 점이기도 합니다. 별책의 『교사용 매뉴얼』을 잘 읽고, 순조롭게 수업을 진행하십시오.

(4) 학습자의 일본어 능력에 큰 차이가 있는 클래스

학습자의 일본어 능력에 큰 차이가 있는 클래스란, 어떤 유형의 어학 교육을 해도 교사로서는 상당히 까다로운 것입니다.

그럴 때에는 롤플레이의 내용을 조금 바꾸고 난이도에 변화를 주십시오. 예를 들면, 「친구에게 술을 마시자고 권유한다」라는 롤플레이라면, 일본어 능력이 높은 조의 경우, 권유하는 상대를 「친구」가 아니라 「그다지 친하지 않은 교사」로 바꾸어 말하는 식입니다. 「그다지 친하지 않은 교사」에게 술을 마시자고 권유하는 경우는 아무래도 어느 정도 경어를 쓰지 않을 수 없고, 당연히 「친구」를 권유하는 것보다는 레벨이 높아지게 됩니다.

또, 그다지 일본어 능력이 높지 않은 학생끼리의 조는 발표의 순서를 가능하면 뒤쪽으로 하는 것이 좋습니다. 그 편이 마음이 편해지고, 또 앞 조가 사용한 표현이나 앞 조의 롤플레이에 대한 피드백을 듣는 것에 의해, 자신들의 롤플레이 발표가 보다 쉬워지지 않을까 생각하기 때문입니다.

또한, 대응에 어려움을 느끼는 일본어 능력이 낮은 학습자가 있는 경우에는, 「과제 선행」라는 이념으로부터는 벗어나지만, 다음 수업에서 할 롤플레이를 그 학습자에 가르치고, 표현 등을 예습시키는 것도 고려할 수 있습니다.

(5) 롤플레이를 싫어하는 학생, 분위기가 고조되지 않는 클래스

롤플레이를 한다는 학습 활동은, 학습자의 활기라는 관점에서 보면 꽤 능동적이라고 말할 수 있습니다. 따라서, 학습자가 적극적으로 교실 활동에 참가하지 않을 경우에는 수업이 상당히 어려워지게 됩니다.

학습자 중에는 남 앞에서 이야기하는 것을 싫어하는 학생, 남 앞에서 롤플레이를 하는 것을 싫어하는 학생이 있습니다. 그런 학생이 있는 경우에는 조별 연습을 중시하여, 처음부터 무리하게 발표시킬 필요는 없습니다.

우선, 조별 연습으로 롤플레이를 하는 것에 충분히 익숙해지고 나서 조금씩 발표를 시키도록 하면 좋을 것입니다. 또 발표가 끝나고 나서의 피드백도, 잘 되지 않았던 점을 지적하는 것과 더불어, 좋았던 표현도 지적하고 그것을 칠판에 써서 다른 학습자들에게도 주목시키도록 하면, 다른 학습자들의 공부가 될 뿐만 아니라 바로 그 롤플레이의 발표자에게 용기를 북돋울 수 있습니다.

또 전체적으로 분위기가 고조되지 않는 클래스, 분위기를 잘 타지 못하는 클래스의 경우에는 롤플레이의 발표보다도 조별 연습이나 「복습합시다!」, 「연습합시다!」를 중시하도록 해 주십시오. 대화를 통해 공부하는 학습자도 있겠지만, 쓰면서 공부하지 않으면 이해가 되지 않는 학습자도 있습니다. 클래스에 후자와 같은 타입의 학습자가 많으면, 「복습합시다!」나 「연습합시다!」에서의 학습을 중시하고, 조금씩 「쓰는」 것에서 「이야기하는」 것으로 비중을 옮겨 가는 것이 좋습니다.

5. 클래스의 규모

클래스의 규모에 의해서도, 수업 진행 방법이 달라집니다.

(1) 2~6명

2명~6명 정도의 클래스에서는 발표하는 조의 수가 적기 때문에, 다른 학습자들의 발표나 그 발표에 대한 교사의 설명을 들을 때. 해이해지는 일이 비교적 일어나지 않아 한 조씩 시간을 들여 꽤 열심히 피드백하는 것이 가능합니다. 그리고 이러한 인원의 클래스에서는 발표된 롤플레이를 녹음하고, 그것을 그 장소에서 바로 되물으면서 문형이나 표현을 도입하는 것도 가능합니다.

특히, 개인교습의 경우에는, 「발표」 때 녹음을 하기로 정해 두면, 「조별 연습」과 「발표」를 구별할 수 있습니다.

(2) 8~15명 정도

이 책을 사용 할 때 가장 이상적인 클래스의 규모는 8~15명 정도까지입니다. 이 규모의 클래스라면, 7페이지의 「수업 예」에서 보았던 순서대로 수업을 진행할 수 있습니다.

다만, 롤플레이를 발표하는 조의 수가 많아지면, 아무래도 학습자들의 집중력이 떨어져 버리기 때문에, 이럴 때에는 모든 조가 동일한 롤플레이(롤플레이 ①)를 발표하는 것이 아니라, 3조째나 4조째 쯤부터는 그 단원 속의 다른 롤플레이(롤플레이 ②)를 시켜주십시오.

같은 단원 속의 롤플레이는 아주 비슷하기 때문에, 조별 연습을 다시 할 필요는 없습니다. 3조째 혹은 4조째 조에, 갑자기 다른 롤플레이(롤플레이 ②)를 발표시켜도 좋습니다.

(3) 20명 정도

학습자 수가 20명을 초과하면, 전원에게 롤플레이를 발표시키는 것은 무리가 있습니다. 그러면 발표하는 조를 몇 조로 한정하고, 발표하지 못한 조는 다음에 발표시키도록 해 주십시오. 그 밖의 순서는 「수업 예」에서 제시한 것과 같습니다.

(4) 30명 이상

클래스의 인원 수가 30명 이상인 경우에는 「수업 예」에서 제시한 순서와는 약간 다른 형태로 수업을 할 필요가 있습니다.

「조별 연습」을 시키는 것까지는 같습니다만, 「발표」는 두세 조만 합니다. 「문형·표현의 도입」도 동일하게 합니다만, 그 후 각각의 조에 그 롤플레이의 시나리오를 쓰게 하여 제출시킵니다. 교사는 그것을 추가하거나 수정하여 그 중에서 뛰어난 것이나 재미있는 것을 다음 수업 시간에 그 시나리오를 만들었던 조에게 모두의 앞에서 발표를 시킵니다.

※교사용 매뉴얼을 원하시는 분은 본사로 연락바랍니다.(TEL:745-1161~5)

第1課
レストラン・喫茶店で

ユニット1　注文のときに

ユニット2　お金を払うときに

「腹がへっては、戦(いくさ)はできぬ」まずは、食べることです！

　私たちが、どうしても毎日しなければならないこと、それは食事です。みなさんには、お気に入りのレストランや喫茶店がありますか。この課では、レストランや喫茶店に行ったときの、ちょっと困った場面での会話を練習します。

ユニット 1

注文のときに

ロールプレイの前に：「丼(どんぶり)」って、何？

← これは「親子丼(どん)」。何が入っているのかな？
（　　　　　）や（　　　　　）

← これは何丼？
（　　　　　）

← これは何丼？
（　　　　　）

ロールプレイ①　〈天丼〉

◎ 話しましょう！

(1)「天丼」と「天ぷら定食」は、どう違いますか。

(2) あなたは、「天丼」と「天ぷら定食」と、どちらが好きですか。

(3) あなたの国には、「天丼」のような食べ物がありますか。

(4) 料理を持って来たとき、店員は何と言いますか。

◆ロールカード◆

　あなたはレストランにいます。あなたは「天丼」を注文しましたが、店員が持って来たのは「天ぷら定食」でした。店員を呼び止めて苦情を言ってください。

第1課 ● レストラン・喫茶店で

ロールプレイ ② 〈アイスコーヒー〉

◎ 話しましょう！
(1) あなたは、日本で、喫茶店によく行きますか。
(2) あなたの国の喫茶店と日本の喫茶店は、どう違いますか。

◆ ロールカード ◆

> あなたは友達4人と喫茶店に行きました。アイスコーヒーを2つ、アイスティーを3つ注文しましたが、店員はアイスコーヒー3つとアイスティー2つを持って来ました。店員を呼び止めて苦情を言ってください。

ロールプレイ ③ 〈スパゲティ、まだ？〉

◎ 話しましょう！
(1) レストランや喫茶店で、注文したものがなかなか来なかったことがありますか。
(2) そのとき、どうしましたか。／そのようなときには、どうしますか。

◆ ロールカード ◆

> あなたはレストランにいます。20分ぐらい前に注文したスパゲティがまだ来ません。となりの人は、あなたより後に来てスパゲティを注文しましたが、もう食べはじめています。店員を呼び止めて苦情を言ってください。

復習しよう！

〈天丼〉

店員：（　①　）。天ぷら定食でございます。

客　：あの、すみません。私が（　②　）。

　　：あの、すみません。確か（　③　）。

店員：（　④　）。すぐに（　⑤　）。

①

②

③

④

⑤

〈スパゲティ、まだ？〉

客　：スパゲティを1つお願いします。

店員：はい、かしこまりました。

　　　　（20分）

客　：あの、すみません。スパゲティ、まだですか。

店員：もうすぐだと思いますが。

　　　　（10分）

客　：あの、すみません。スパゲティ、まだ来ないんですけど、注文は（　⑥　）か。

店員：申し訳ございません。今、聞いてきますので、少々（　⑦　）。

　　　　　　　⋮

店員：あのう、今から作りますので、あと20分ぐらいかかるそうですが。

客　：えっ、今から20分もかかるんですか。私より後に（　⑧　）。

店員：本当に申し訳ございません。おわびにコーヒーをサービスさせていただきますので。

客　：えっ、本当ですか。じゃあ、待ってます。

⑥

⑦

⑧

練習しよう！

1．(1)から(10)までの文を、(例)のように変えなさい。

(例) 私は、天丼を頼みました。　→　私が頼んだのは、天丼です。

(1) 私は、ワンピースを買いました。

(2) 私は、歴史の本を読みました。

(3) 私は、ビートルズの曲を聴きました。

(4) 私は、親子丼が食べたいです。

(5) 私は、花子が好きです。

(6) 私は、花子と結婚したいです。

(7) 中川さんは、きのうホラー映画を見ました。

(8) 中川さんは、家の鍵をさがしています。

(9) 島本さんは、ポルシェに乗っています。

(10) 島本さんは、子猫を飼っています。

2．(1)から(10)までの文を、(例)のように変えなさい。

(例) 天丼を頼みました。　→　確か、天丼を頼んだと思うんですけど。

(1) 昨日お願いしました。

(2) 図書館の本は返しました。

(3) ビールを3本注文しました。

(4) 本を2冊借りています。

(5) 田中君に3,000円貸しています。

(6) 腕時計は机の引き出しに入れました。

(7) コンサートのチケットはもう予約しました。

(8) 30分ぐらい前にスパゲティを注文しました。

(9) 今日はテストだと先生が言っていました。

(10) 明日の授業は休みにすると先生が言っていました。

3．次の文の（　）の中に、「確か」か「確かに」のどちらかを入れなさい。

(1) あなたの言うとおり、（　　　）あの店のパンは、すごくおいしかった。

(2) （　　　）このあたりに、パン屋がありませんでしたか。

(3) （　　　）彼は頭はいいが、あまり親切ではない。

(4) 山下さんのお子さんは、（　　　）まだ小学生ですよね。

ユニット 2
お金を払うときに

ロールプレイの前に：どれがいちばんおいしそう？

次の料理の中で、どれがいちばん食べたいですか。食べたことのある料理はどれですか。

　　　天ぷら　　　　　　　　　すし　　　　　　　　　うな重

ロールプレイ①　〈お金が足りない！〉

◎ 話しましょう！

(1) あなたが今までに食べた料理の中で、いちばん高かったのはどんな料理ですか。

(2) それはいくらぐらいでしたか。また、そこはどんなレストランでしたか。

(3) レストランなどに行ったとき、もしお金が足りなかったらどうしますか。

◆ロールカード◆

　あなたは、友達を誘ってレストランで食事をしました。お金を払うときに、二人合わせて、2万8,000円だと言われましたが、あなたは1万円、友達は5,000円しか持っていません。クレジットカードもありません。店の人に事情を説明してください。

第1課 ● レストラン・喫茶店で

ロールプレイ②　〈あっ、財布がない！〉

◎ 話しましょう！

(1) あなたは、どんなときに、友達におごったり、ごちそうしたりしますか。

(2) あなたの国には、おごったり、ごちそうしたりする習慣がありますか。

◆ロールカード◆

　あなたは、友達を誘ってレストランで食事をしましたが、お金を払うときになって財布を持っていないことに気がつきました。あなたのおごりということだったので、友達もお金を持っていません。店の人に事情を説明してください。

ロールプレイ③　〈高すぎるぞ！〉

◎ 話しましょう！

(1) あなたは、よく行く店がありますか。

(2) あなたは、居酒屋に行ったことがありますか。

(3) 居酒屋で飲んだり食べたりすると、だいたい、いくらぐらいかかりますか。

(4) 食事の代金が、思ったよりもずっと高かったら、あなたはどうしますか。

◆ロールカード◆

　あなたは友達と二人で居酒屋に行き、4時間ぐらいいつものように飲んだり食べたりして、楽しい時間を過ごしました。ところが、お金を払うときに、店の人に2万4,000円だと言われて、とてもびっくりしました。今までに、こんなに高かったことはありませんし、今日は、あまりお金を持っていません。店の人に文句を言ってください。

復習しよう！

〈あっ、財布がない！〉

客　：ああ、おいしかった。お勘定、お願いします。

店員：どうもありがとうございました。2万8,000円でございます。

客　：はい。あっ、困ったな。

店員：どうなさったんですか。

客　：あのう、財布を（　①　）。

店員：えっ、財布を持たずにいらっしゃったんですか。

客　：（　②　）つもりだったんですが、（　③　）。

店員：お連れさまは、お持ちじゃないんですか。

客　：いえ、今日は（　④　）つもりだったので、友達もお金を持っていないんです。

店員：そうですか。困りましたね。

客　：あのう、この近くに銀行はありますか。

店員：ええ、ございますよ。

客　：友達に（　⑤　）。

店員：ええ、もちろん、かまいませんが。

客　：あの、パスポートも（　⑥　）。

店員：いえ、かまいません。お友達の方がいらっしゃいますから。

客　：そうですか。じゃあ、ちょっと行って来ます。

店員：はい、では、お待ちしております。

①

②

③

④

⑤

⑥

第 1 課 ● レストラン・喫茶店で

練習しよう！

1．次の (1) (2) を参考にして、(3) (4) (5) の文を完成させなさい。

　(1) 食事の前に薬を飲むのを忘れていた。

　(2) カーステン君に電話するのを忘れていた。

　(3) (　　　　　　　　　　　　) のを忘れていて、先生にしかられた。

　(4) 旅行に行ったのに、(　　　　　　　　　　　) のを忘れていた。

　(5) (　　　　　　　　　　　　) のを忘れていたので、ビールがまだあまり冷えていない。

2．次の (1) (2) を参考にして、(3) (4) (5) の文を完成させなさい。

　(1) 私は、友達の顔色がいつもより悪いのに気づいた。

　(2) 答案を出してしまってから、名前を書いていないことに気づいた。

　(3) 彼は、まだ (　　　　　　　　　　　) のに気づいていない。

　(4) (　　　　　　　　　　　) ことに気づいて、あわてて家に戻った。

　(5) (　　　　　　　　　　　) ことに気づいて、あわてて家を出た。

3．次の (1) (2) を参考にして (3) (4) (5) の文を完成させなさい。

　(1) 確かにここに置いたつもりなんですが、ないんですよ。

　(2) A：試験はどうでしたか？

　　　B：自分ではできたつもりだったんですが、すごく悪い点数でした。

　(3) ちゃんと謝ったつもりなんですが、彼女は (　　　　　　　　　　　)。

　(4) (　　　　　　　　　　　) つもりだったが、実はまだ返してなかった。

　(5) (　　　　　　　　　　　) つもりだったが、彼は知らないと言っている。

4．次の (1) (2) を参考にして、(3) (4) の文を完成させなさい。

　(1) 王さんに買い物に行ってもらっている間に、私はそうじをします。

　(2) アリサさんに洗濯をしてもらっている間に、私は料理を作っておきます。

　(3) 夫に子どもの面倒を見てもらっている間に、(　　　　　　　　　　　)。

　(4) (　　　　　　　　　　　) てもらっている間に、(　　　　　　　　　　　)。

友達と

ユニット1　授業のあとで

ユニット2　休みの日に

ユニット3　勘違い

ユニット4　旅　行

勉強も大切だけど……。たまには友達と、どこかに遊びに行きましょう！

　もし友達と遊びに行くなら、あなたはどこに行きたいですか。海ですか、山ですか、それとも、カラオケボックスですか。えっ、恋人と一緒に行ければどこでもいいって。そうですか、そういう人は、どうぞ、恋人と一緒に遊びに行ってください。みなさん、勉強も大切ですけれど、友達や恋人を誘って、たまにはどこかに出かけましょう！

ユニット 1
授業のあとで

ロールプレイの前に：「ちょっと一杯」のつもりだったのに……。

今日は金曜日。授業も終わったし、さて、久しぶりにどこかに飲みに行こうかな。

いつもの「居酒屋」？

夏は、やっぱり「ビアガーデン」？

それとも「屋台」？

ちょっとオシャレに「バー」へ？

ロールプレイ ①　〈ちょっと一杯〉

◎ 話しましょう！

(1) あなたは、お酒が好きですか。

(2) 日本に来てから、どんなところに飲みに行きましたか。

(3) あなたの国では、ふだん、どんなところでお酒を飲みますか。

◆ロールカード◆

A:今日も一日の授業が終わりました。明日は休みなので、今から、ちょっと一杯、飲みに行こうと思っています。友達のBさんを誘ってください。

B:クラスメートのAさんに飲みに行こうと誘われますが、あなたはあまりお酒が好きではありません。Aさんの気分を悪くしないように、うまく断ってください。

ロールプレイ②　〈カラオケボックス〉

◎ 話しましょう！

(1) あなたは、カラオケボックスに行ったことがありますか。
(2) カラオケボックスがどんなところなのか、知らない人に説明してあげてください。
(3) あなたの国には、カラオケボックスのようなものがありますか。

◆ロールカード◆

A:今日も一日の授業が終わりました。明日は休みなので、今から、カラオケボックスに行こうと思っています。クラスメートのBさんを誘ってください。

B:クラスメートのAさんにカラオケボックスに行こうと誘われますが、あなたは歌があまり上手ではないので、カラオケは嫌いです。Aさんの気分を悪くしないように、うまく断ってください。

復習しよう！

〈ちょっと一杯〉

　　A：やっと授業が終わった。今日も疲れたね。

　　B：本当に疲れたね。今日は、たくさん授業があったからね。

　　A：ところで、今日は金曜日だよね。

　　B：うん、そうだよ。

　　A：明日は休みだし、今から（　①　）。

　　B：えっ、飲みに行くの？　そうだね。あのう、すごく行きたいんだけど、（　②　）。

　　A：ああ、そう。それは残念だね。じゃあ、また誘うよ。

　　B：ごめんね。

　　A：うん、じゃあ、またね。

　　B：じゃあ、また。

〈カラオケボックス〉

　　A：Bさん、今からカラオケボックスに行きませんか。

　　B：えっ、カラオケですか。そうですね。あのう、すごく行きたいんですけど、（　③　）。

①

②

③

練習しよう！

1．(1)から(8)までの文を、(例)のように変えなさい。

  (例) カラオケボックスに行く。　→　カラオケボックスに行きませんか。

(1) 映画を見に行く。

(2) そこの喫茶店に入る。

(3) 来年の夏、富士山に登ってみる。

(4) ダイエットのために、一緒にエアロビクスをする。

(5) 今日は外で食事をする。

(6) 今日はホテルのレストランでランチを食べる。

(7) 食事をしたあとで、最上階のバーに行く。

(8) 今学期の授業が全部終わったら、王さんの家でパーティーをする。

2．1の(1)から(8)までの文を、(例)のように変えなさい。

  (例) カラオケボックスに行く。　→　カラオケボックスに行かない？

3．次の(1)～(7)を使って、二人で(例)のような会話をしなさい。

  (例) カラオケボックスに行く。　→　A：カラオケボックスに行きませんか。
             B：えっ、カラオケボックスですか。
             A：ええ、行きましょうよ。

(1) 美術館に行く。

(2) ディズニーランドに行く。

(3) 映画を見に行く。

(4) 横浜に中華料理を食べに行く。

(5) 今から公園に行く。

(6) ここで弁当を食べる。

(7) 先生に頼んでみる。

4．3の(1)～(7)を使って、二人で(例)のような会話をしなさい。

  (例) カラオケボックスに行く。　→　A：カラオケボックスに行かない？
             B：えっ、カラオケボックス？
             A：うん、行こうよ。

ユニット 2
休みの日に

ロールプレイの前に：温泉で、心も体もリフレッシュ！

ゆっくりつかれば「極楽、極楽！」

やっぱり最高、露天風呂！

ロールプレイ ①　〈いい湯だな！〉

◎ 話しましょう！

(1) あなたの国にも、日本と同じような温泉がありますか。

(2) 温泉は好きですか。温泉が好きな理由、嫌いな理由を教えてください。

◆ロールカード◆

A：今度の休みに、クラスの友達と一緒に温泉に行く予定です。クラスメートのBさんを温泉に誘ってください。また、Bさんは温泉に行ったことがないので、温泉がどんなにいいものか、よく説明してあげてください。

B：友人のAさんから温泉に行こうと誘われますが、今度の休みは家で日本語の勉強をしようと思っています。それに、ほかの人と一緒に風呂に入るのは、恥ずかしいので、いやです。なんとか断ってください。

第2課 ● 友達と

ロールプレイ ②　〈キャンプだ、ホイ！〉

◎ 話しましょう！

(1) あなたは、キャンプをしたことがありますか。

(2) キャンプの楽しさを説明してください。

◆ロールカード◆

A：夏休みに、クラスの友達と一緒に1週間のキャンプをする予定です。クラスメートのBさんをキャンプに誘ってください。また、誘うときに、キャンプの楽しさをBさんによく説明してあげてください。

B：Aさんからキャンプに誘われますが、今年の夏休みは大学受験のための勉強をしようと思っています。それに、町を離れて不便な生活をするのもいやです。なんとか断ってください。

ロールプレイ ③　〈デート〉

◎ 話しましょう！

(1) 恋人ができたら、どんなデートがしたいですか。

(2) いいデートとは、どんなデートでしょう。

◆ロールカード◆

A：あなたは、同じクラスのBさんに好意を持っています。クラスメートなので、誘うのは少し恥ずかしいのですが、コンサートのチケットを2枚もらったからと言って、Bさんを誘ってください。

B：同じクラスのAさんに、コンサートに誘われます。しかし、Aさんにもコンサートにもあまり興味がありません。Aさんの気分を悪くしないように、うまく断ってください。

復習しよう！

〈いい湯だな！〉

　　A：ああ、疲れた。ようやく授業が終わったね。
　　B：うん、本当に疲れたね。今日は、たくさん授業があったからね。
　　A：うん。ところで、今度の日曜日、（　①　）？
　　B：別に何もないけど、何かあるの？
　　A：うん、もしよかったら、一緒に温泉に（　②　）？
　　B：えっ、温泉？　うん、そうだね。あのう、すごく行きたいんだけど、（　③　）。
　　A：ああ、そう。でも、温泉は（　④　）。
　　B：でも、（　⑤　）。
　　A：ああ、そう。それじゃあ、残念だけど、仕方がないね。
　　B：うん、ごめんね。
　　A：いいよ、いいよ。じゃあ、またね。
　　B：うん、じゃあ、また。

　　①

　　②

　　③

　　④

　　⑤

練習しよう！

1．（例）のように、断る理由を考えなさい。

　　（例）A：動物園に行きませんか。

　　　　　B：えっ、動物園ですか。そうですねえ、実は、私、動物のにおいが苦手なんです。
　　　　　　それに、アレルギーがあるので、動物の毛が飛んでくるようなところはちょっと……。

　(1) A：明日、釣りをしませんか。

　　　B：えっ、釣りですか。そうですねえ、（

　　）。

　(2) A：今度の日曜日、一緒に料理を作りませんか。

　　　B：えっ、料理ですか。そうですねえ、（

　　）。

　(3) A：今度の旅行に、スーザンさんも誘いませんか。

　　　B：えっ、スーザンさんもですか。そうですねえ、（

　　）。

2．（例）のように、説得する理由を考えなさい。

　　（例）明日、釣りに行きませんか。魚が釣れれば、夕食には、おいしい魚が食べられますし、
　　　　もし釣れなくても、自然の中で一日過ごせば、ストレスの解消になりますよ。

　(1) 今度の日曜日、山登りをしませんか。（

　　）。

　(2) 一緒に中国語を勉強しませんか。（

　　）。

ユニット 3
勘違い

ロールプレイの前に：あなたの勘違いを教えてください。

王さん（中国）

　　　この前、友達とバーベキューをしていたんです。青空の下、さわやかな風が吹く川のそばで、お肉や野菜を焼いて食べました。とてもおいしかったです。近くでハイキングをしている人たちが、いいにおいがするからか、こちらを見ていました。そこで仲間に入ってもらおうと思って、「こちらへどうぞ」と手をひらひらさせました。でも、その人たちは、不思議そうな顔をして向こうへ行ってしまいました。きっと、私のサインを、「あっちへ行って！」という意味だと勘違いしたんですね。

マルコムさん（オーストラリア）

　　　私はオーストラリアの大学で、サッカー部のキャプテンをしていました。ある日、試合があったので、チームメートを連れて試合場に行きました。試合は午前8時開始だと聞いていたので、みんな早起きをして、眠い目をこすりながら行きました。ところが、試合場にはだれも来ていなかったんです。しばらくしてから、ほかの大学の選手や大会の役員の人たちが集まってきました。何だか変だなあと思っていたのですが、開会式のときにようやく気がつきました。時間を間違えていたんです。試合開始は9時なのに、8時だと勘違いしていました。

ミーシャさん（ロシア）

　　　3年前にホームステイをさせてもらった山本さんのお宅に、久しぶりに電話をしました。いつもやさしくしてくれたホストマザーの真知子さんに、近況報告をしようと思ったのですが、電話に出たのは息子の達也君。「お母さん、いる？」と聞いたら、電話の向こうから聞こえてきたのは、「おい、真知子。電話だ！」。そうです。お父さんの声を、達也君と勘違いしてしまったのです。お父さん、ごめんなさい。

ロールプレイ①　〈待ち合わせ（1）〉

◎話しましょう！

(1) あなたは、いつもどんなところで待ち合わせをしますか。
(2) 待ち合わせをして、うまく会えなかったことがありますか。
(3) そんなとき、どうしましたか。

◆ロールカード◆

A：友達のBさんと待ち合わせをしていたので、3時に喫茶店に行きましたが、Bさんはいませんでした。家に帰ってから、時間を間違えていたことに気がつきました。約束は2時だったのです。今、夜の8時です。Bさんに電話をして、事情を説明してください。

B：約束どおり、2時に喫茶店に行きましたが、Aさんは来ていませんでした。40分ぐらい待っていましたが、Aさんが来なかったので、家に帰りました。

ロールプレイ②　〈待ち合わせ（2）〉

◎話しましょう！

(1) 待ち合わせの時間や場所を勘違いして、相手と会えなかったことがありますか。
(2) それは、どちらの勘違いだったのですか。
(3) その勘違いに、いつ気がつきましたか。

◆ロールカード◆

A：友達のBさんと待ち合わせをしていたので、3時に喫茶店に行きましたが、Bさんはいませんでした。1時間ぐらい待っていましたが、Bさんは来ませんでした。仕方がないから家に帰りましたが、腹が立っています。Bさんに電話をして、事情を聞いてください。

B：約束どおり、2時に喫茶店に行きましたが、Aさんは来ていませんでした。40分ぐらい待っていましたが、Aさんが来なかったので、家に帰りました。帰って手帳を調べてみましたが、待ち合わせの時間は、やはり2時でした。

復習しよう！

〈待ち合わせ(2)〉

　　A：勘違いをして3時に行った人
　　B：約束どおり、2時に行った人

　　B：(トゥルルル、トゥルルル) はい、Bですけど。
　　A：あ、Bさん、Aですけど。
　　B：あ、こんばんは。
　　A：こんばんは。あのう、Bさん、今日どうしたの？
　　B：どうしたのって、（　①　）。
　　A：えっ、私はちゃんと行ったよ。でも、Bさんがいなかったから、（　②　）。
　　B：約束って、確か2時（　③　）。
　　A：えっ、3時じゃ（　④　）。
　　B：私の手帳には2時って（　⑤　）。
　　A：えっ、本当？　じゃあ、たぶん、私が時間を勘違いしていたんだと思う。ごめんね。
　　B：うん、別にいいよ。よかったら、明日会わない？
　　A：いいよ。
　　B：じゃあ、同じ喫茶店で、2時に。
　　A：うん、わかった。2時だね。明日は間違えないようにするから。
　　B：うん、じゃあね。
　　A：じゃあね。

①

②

③

④

⑤

第2課 ● 友達と

練習しよう！

1. （　）の中に適当なことばを入れなさい。

   (1) A：ブラジルの首都って、サンパウロだったよね。
       B：えっ、（　　　　　　　　　）じゃなかった？

   (2) A：引力の法則を発見したのって、確か、エジソンだったよね。
       B：えっ、（　　　　　　　　　）じゃなかった？

   (3) A：鎌倉時代って、794年からだったよね。
       B：えっ、（　　　　　　　　　　　　　　　）？

   (4) A：水の化学式って、CO_2でしたよね。
       B：えっ、（　　　　　　　　　）じゃなかったですか。

   (5) A：アメリカの初代大統領って、リンカーンでしたよね。
       B：えっ、（　　　　　　　　　）じゃなかったですか。

   (6) A：『未完成』って、確か、ベートーベンの作曲でしたよね。
       B：えっ、（　　　　　　　　　）じゃなかったですか。

   (7) 「それでも地球は回る」って言った人って、確か、ソクラテスでしたよね。
       B：えっ、（　　　　　　　　　　　　　　　　　）？

2. （　）の中に、「こそ」か「さえ」のどちらかを入れなさい。

   (1) お金（　　　）あれば、何でもできる。

   (2) 去年はあまり勉強ができなかったが、今年（　　　）がんばりたいと思う。

   (3) 指導力といい、人望といい、彼（　　　）大統領にふさわしい人だ。

   (4) 毎日忙しくて、新聞を読む暇（　　　）ない。

   (5) 子どもがいたから（　　　）、ここまでがんばってこられた。

   (6) 家族に（　　　）話せない、恥ずかしい話だ。

   (7) 「どうしたんですか」「あなた（　　　）どうしたんですか」

   (8) 今年は暖冬で、北海道で（　　　）まったく暖房のいらない日があった。

   (9) 子どもがもう少し大きくなり（　　　）すれば、私も仕事が始められるだろう。

   (10) ビールは夏のものだと言われているが、寒い冬に（　　　）、冷たい生ビールを飲むべきだ。

ユニット4
旅　行

ロールプレイの前に：旅行に行くなら、どこがいい？

山はどう？　海もいいよね。でも、やっぱり旅行といえば京都かな。

ロールプレイ①　〈旅行の楽しみ〉

◎話しましょう！

(1) あなたの国で有名なところはどこですか。
(2) あなたの国の有名な食べ物は何ですか。
(3) もし友達があなたの国に来たら、どこへ案内したいですか。

◆ロールカード◆

A：来月、友達と二人で、Bさんの出身地を旅行します。その土地の有名なものや、気をつけたほうがいいことなど、Bさんにいろいろ聞いてみてください。

B：来月、Aさんが友達と、あなたの出身地に行くそうです。あなたの出身地のことを、いろいろAさんに教えてあげてください。

ロールプレイ②　〈新婚旅行〉

◎話しましょう！

(1) 新婚旅行に行くなら、あなたはどこに行きたいですか。
(2) あなたの国の人がよく新婚旅行で行くところはどこですか。
(3) 新婚旅行の行き先として、日本はどうですか。

◆ロールカード◆

A：来月、あなたは結婚します。新婚旅行は、Bさんの出身地に行くことにしました。その土地の有名なものや、気をつけたほうがいいことなど、Bさんにいろいろ聞いてみてください。

B：来月、Aさんが、新婚旅行であなたの出身地に行くことになったそうです。あなたの出身地について、新婚の二人に役立つような情報を、いろいろAさんに教えてあげてください。

復習しよう！

〈旅行の楽しみ〉

A：あっ、Bさん、ちょっと聞きたいことがあるんですよ。

B：何ですか。

A：あの、Bさんは、確か（ ① ）の出身ですよね。

B：ええ。

A：実は、来月、友達と二人で（ ① ）に行こうと思っているんですよ。

B：へえ、旅行ですか。

A：ええ、そうです。それで、観光をするのに、どこがいいかなと思って。

B：ああ、そうですか。それなら、（ ② ）はどうですか。

A：（ ② ）って、どんなところなんですか。

B：（ ③ ）。

A：へえ、それは、ぜひ行ってみたいですね。何か、有名な食べ物はありませんか。

B：そうですねえ、（ ④ ）はどうですか。（ ④ ）というのは、（ ⑤ ）。

A：おいしそうですね。なんだか、おなかがすいてきました。

B：え、でも、まだ3時ですよ。

A：そうですね。旅行中に、何か気をつけることはありますか。

B：（ ⑥ ）。

A：わかりました。どうもありがとうございました。

B：いいえ、どういたしまして。楽しんできてくださいね。

A：はい、ありがとうございます。

①

②

③

④

⑤

⑥

練習しよう！

1. （　）の中に適当なことばを入れて、（例）のようにしなさい。

   （例）A：ナスカの地上絵って、何ですか。

   　　　B：ペルーのナスカ平原にかかれている、空から見なければわからないほど大きな絵で、宇宙人によってかかれたという説もあります。

   (1) A：万里の長城って、何ですか。
   　　B：（　　　　　　　　　　　　）城壁で、（　　　　　　　　　　　　　　）。

   (2) A：エアーズロックって、何ですか。
   　　B：（　　　　　　　　　　　　）岩で、（　　　　　　　　　　　　　　　）。

   (3) A：ピラミッドって、何ですか。
   　　B：（　　　　　　　　　　　　）お墓で、（　　　　　　　　　　　　　　）。

   (4) A：アンコールワットって、何ですか。
   　　B：（　　　　　　　　　　　　）遺跡で、（　　　　　　　　　　　　　　）。

   (5) A：オーロラって、何ですか。
   　　B：（　　　　　　　　　　　　）現象で、（　　　　　　　　　　　　　　）。

   (6) A：キムチって、何ですか。
   　　B：（　　　　　　　　　　　　）食べ物で、（　　　　　　　　　　　　　）。

第3課
アパート・マンションで

ユニット1　ルームメートと

ユニット2　知っている人と

ユニット3　あまり親しくはない人と

ユニット4　顔だけは知っている人と

となりに住んでいる人との間にトラブルはありませんか。
なかよく楽しく暮らしましょう！

あなたは今、どんなところに住んでいますか。一戸建て？　それともアパートですか。大学や会社などの寮に住んでいる人もいるかもしれませんね。おとなりさんとの関係はうまくいっていますか。この課では、アパートやマンションでの会話を練習します。少しずつ難しくなりますが、がんばってください！

ユニット1 ルームメートと

ロールプレイの前に：いい部屋があるかな？

(1) 一戸建ての家はどれ？
(2) 2階建ての家はどれ？
(3) いちばん古いのは築何年？
(4) 2人で住めそうな部屋はどれ？
(5) いちばんお得な物件はどれ？
(6) 「2DK」と「2LDK」って、どう違うの？

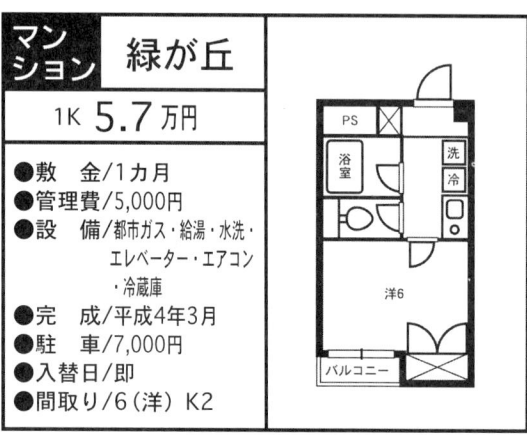

マンション 緑が丘
1K 5.7万円
- 敷　金／1カ月
- 管理費／5,000円
- 設　備／都市ガス・給湯・水洗・エレベーター・エアコン・冷蔵庫
- 完　成／平成4年3月
- 駐　車／7,000円
- 入替日／即
- 間取り／6（洋）K2

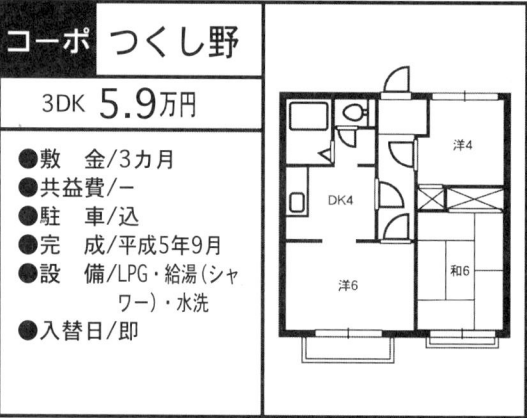

コーポ つくし野
3DK 5.9万円
- 敷　金／3カ月
- 共益費／－
- 駐　車／込
- 完　成／平成5年9月
- 設　備／LPG・給湯（シャワー）・水洗
- 入替日／即

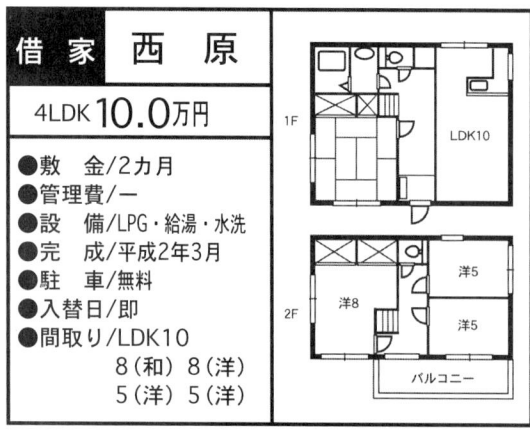

借家 西原
4LDK 10.0万円
- 敷　金／2カ月
- 管理費／－
- 設　備／LPG・給湯・水洗
- 完　成／平成2年3月
- 駐　車／無料
- 入替日／即
- 間取り／LDK10
　　　　　8（和）8（洋）
　　　　　5（洋）5（洋）

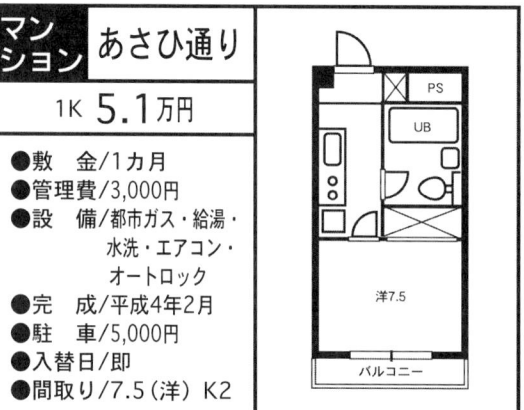

マンション あさひ通り
1K 5.1万円
- 敷　金／1カ月
- 管理費／3,000円
- 設　備／都市ガス・給湯・水洗・エアコン・オートロック
- 完　成／平成4年2月
- 駐　車／5,000円
- 入替日／即
- 間取り／7.5（洋）K2

ロールプレイ①　〈国の母親〉

◎ 話しましょう！

(1) あなたは、友達と一緒に住んだことがありますか。
(2) 友達と一緒に住んでいて、何か困ったことはありましたか。

◆ロールカード◆

A：国の母親が来週、日本に来るのですが、あなたのところに1週間泊めてほしいと言っています。ホテルに泊まるととてもお金がかかるので、あなたもそうしたいと思っています。ルームメートのBさんに頼んでみてください。

B：ルームメートのAさんが国の母親を1週間部屋に泊めたいと言っています。しかし、レポートの提出日がもうすぐなので、今はとても大変です。Aさんの気持ちはわかりますが、できれば断りたいです。

ロールプレイ②　〈国の友達〉

◎ 話しましょう！

(1) 国にいる、いちばん仲のいい友達のことを教えてください。
(2) 友達から何かを頼まれて、困った経験はありますか。

◆ロールカード◆

A：来週、国から友達が来るのですが、あなたのところに1週間泊めてほしいと言っています。日本のホテルはとても高いので、あなたもそれがいいと思っています。ルームメートのBさんに頼んでみてください。

B：ルームメートのAさんが友達を1週間部屋に泊めたいと言っています。しかし、今はレポートを書いているのでとても忙しいし、Aさんの友達がどんな人か心配です。Aさんの気持ちはわかりますが、できれば断りたいです。

復習しよう！

〈国の母親〉

A：（トントン）

B：はい。どうぞ。

A：あのう　今、ちょっといい？

B：うん、いいよ。

A：ちょっと（　①　）。

B：なに？

A：（　②　）来週の月曜日、母が日本に来るんだけど、（　③　）。

B：えっ、1週間？

A：うん。母も私の部屋に泊まりたいって言うし、私も（　④　）。

B：あのう、そうね、でも、レポートの締め切りが金曜日だから、来週はそのレポートを書かなきゃならないのよ。集中できないと困るから、悪いんだけど、できたら（　⑤　）。

A：私もそうしようと思ったんだけど、ホテルは高くて。

B：そうね。

A：あのう、（　⑥　）し、（　⑦　）から、ほんとに、夜寝るだけなんだけど。

B：そう。それならいいよ。

A：ごめんね。できるだけ静かにするから。

B：こちらこそ、ごめんね。私もできるだけ早くレポート書いちゃうから。

①

②

③

④

⑤

⑥

⑦

第3課 ● アパート・マンションで

練習しよう！

1．次の (1)〜(7) を、(例) のように変えて言ってみなさい。

　　(例) 聞く　→　すみません、ちょっと聞きたいことがあるんですけど。
　(1) 話す　　(2) 相談する　　(3) お願いする　　(4) 質問する
　(5) お聞きする　　(6) 聞いてもらう　　(7) 相談にのってもらう

2．正しいほうに○をつけなさい。
　(1) 先生、明日、授業を休んで（もいいです／もらえません）か。
　(2) わたし一人ではできないので、手伝って（もいいです／もらえません）か。
　(3) うちでパーティーをするので、来て（もいいです／もらえません）か。
　(4) たくさん歩いて疲れたので、座って（もいいです／もらえません）か。
　(5) 一人では全部食べられないので、食べて（もいいです／もらえません）か。
　(6) お母さん、うちで猫を飼って（もいい／もらえない）？

3．次の (1)〜(10) を、(例) のように変えなさい。

　　(例) 友達が家に泊まる。　→　友達を家に泊める。
　(1) 授業が始まる。
　(2) 値段が下がる。
　(3) 大勢の人が集まる。
　(4) 恋人が見つかる。
　(5) 結婚式の日が決まる。
　(6) 貯金が増える。
　(7) 食事の量が減る。
　(8) 息子が起きる。
　(9) 服が汚れる。
　(10) ビールがこぼれる。

ユニット 2
知っている人と

ロールプレイの前に：ペットの飼い方

(1)  の飼い方は？ (2)  の飼い方は？

(3)  の飼い方は？ (4)  の飼い方は？

ロールプレイ ①　〈ペット物語〉

◎ 話しましょう！

(1) あなたは、ペットを飼ったことがありますか。
(2) それはどんなペットでしたか。そのペットについて話してください。

◆ロールカード◆

A：急に出張することになりました。家にいるペットの世話を、となりの人に頼んでください。そのときに、どんなペットなのか、どうやって世話をすればいいのか、なども詳しく説明してください。

B：となりの人にペットの世話を頼まれます。動物はあまり好きではありませんし、もし死んだり、病気になったりしたら困るので、できれば断りたいです。

ロールプレイ ②　〈家の管理〉

◎ 話しましょう！

(1) あなたは今、どんな家に住んでいますか。

(2) もし、1年間、海外に出張することになったら、家の管理はどうしますか。

◆ロールカード◆

A：あなたは、会社の仕事のため、1年間、ヨーロッパに行くことになりました。家族も一緒に行くので、家にはだれもいなくなります。家の管理をBさんに頼んでください。

B：Aさんに家の管理を頼まれます。あなたは、きれい好きではないので、ふだんは自分の部屋の掃除もしません。人の家の管理をするのは面倒なので、できれば断りたいです。

ロールプレイ ③　〈私の車〉

◎ 話しましょう！

(1) あなたは、車を持っていますか。

(2) もし、1年間、海外に出張することになったら、車の管理はどうしますか。

◆ロールカード◆

A：1年間、留学することになりました。今使っている車の管理を、Bさんに頼んでください。

B：Aさんから、車の管理を頼まれます。しかし、あなたは車の運転をしたことがありませんし、車の知識もほとんどありません。できれば断りたいです。

復習しよう！

〈ペット物語〉

A：（トントン）

B：はーい。ちょっとお待ちくださーい。（ドアを開ける）あっ、Aさん、こんばんは。

A：こんばんは。（ ① ）ごめんなさい。

B：いいえ。別にかまいませんよ。どうしたんですか。

A：あのう、ちょっと（ ② ）。

B：ええ、何ですか。

A：実は、急に出張に行くことになったので、うちの猫（ ③ ）。

B：えっ、猫ですか。そうですねえ、あのう、私は（ ④ ）。

A：そうですか。でも、たぶん、大丈夫ですよ。（ ⑤ ）。

B：そうですか。じゃあ、仕方がないですね。何とかがんばって世話をしてみます。

A：どうもすみません。よろしくお願いします。

B：わかりました。

A：それじゃあ、またあとで。

B：じゃあ、また。

A：失礼します。

①

②

③

④

⑤

練習しよう！

1．次の（1）〜（4）は、だいたい何時ぐらいにするあいさつなのか、考えなさい。

   (1) 夜分遅く、申し訳ありません。
   (2) お食事時（どき）に、ごめんなさい。
   (3) こんな早い時間に、すみません。

2．断る理由を考えて、（　）の中に書きなさい。

   （例）A：うちの猫をあずかってもらえませんか。
   　　　B：（　　毎日ちゃんとエサをやる　　）自信がないんですよ。

   (1) A：この植木をあずかってもらえませんか。
   　　B：（　　　　　　　　　　　　　　　　　　　　）自信がないんですよ。

   (2) A：1年間、Bさんに車をあずけたいんですけど。
   　　B：（　　　　　　　　　　　　　　　　　　　　）経験がないので、
   　　　（　　　　　　　　　　　　　　　　　　　　）自信がないんですよ。

   (3) A：今日一日、うちの赤ちゃんの面倒を見てもらえませんか。
   　　B：（　　　　　　　　　　　　　　　　　　　　）たり、
   　　　（　　　　　　　　　　　　　　　　　　　　）たりしたら、どうしたらい
   　　　いのかわからないので、ちょっと……。

3．相手を説得する理由を考えて、（　）の中に書きなさい。

   （例）A：植木の世話は、私にはちょっと無理だと思います。
   　　　B：（　　1日に1回、水をやる　　）だけでいいんですよ。

   (1) A：猫の世話は、私にはちょっと無理だと思います。
   　　B：（　　　　　　　　　　　　　　　　　　　　）だけでいいんですよ。

   (2) A：金魚の世話は、私にはちょっと無理だと思います。
   　　B：（　　　　　　　　　　　　　　　　　　　　）だけでいいんですよ。

   (3) A：1年間も家の管理をするのは、私にはちょっと無理だと思います。
   　　B：（　　　　　　　　　　　　　　　　　　　　）だけでいいんですよ。

ユニット3
あまり親しくはない人と

ロールプレイの前に：飼ってみたいな！

飼ってみたい動物はどれ？

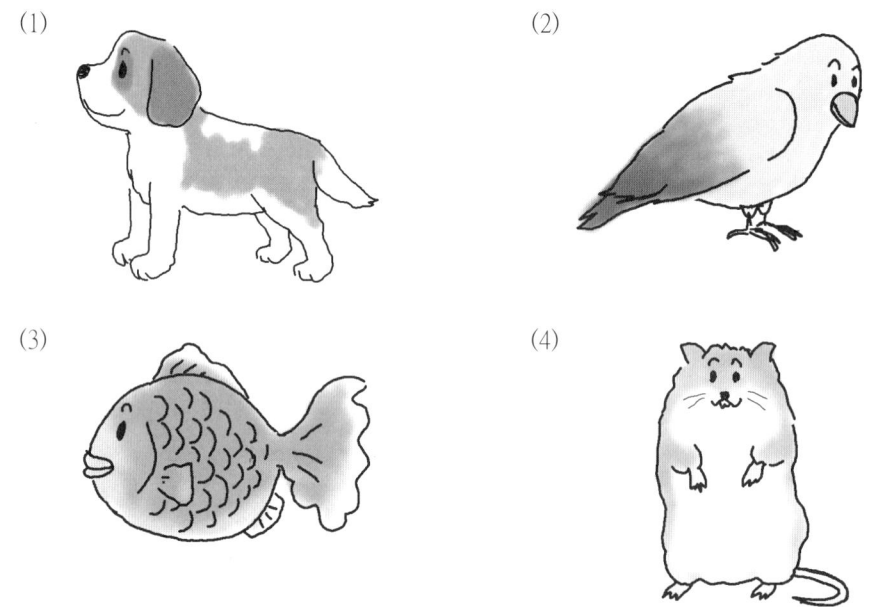

(1)　　　　　　　　　　　(2)

(3)　　　　　　　　　　　(4)

ロールプレイ①　〈のら猫〉

◎ 話しましょう！
(1) あなたの家の周りには、のら猫がいますか。
(2) あなたは、のら猫にエサをやったことがありますか。

◆ロールカード◆

A：となりの部屋のBさんがいつものら猫にエサをやるので、その猫はあなたのアパートに住みついてしまいました。その猫はときどき、あなたのおかずを取っていったり、あなたの部屋の前に糞をしたりします。Bさんに苦情を言ってください。

B：あなたは猫が大好きです。アパートの近くに捨てられた猫がいたのですが、とてもかわいそうだったので、何回か食べ物をやりました。最近では、その猫は毎日、あなたの部屋に来るようになりました。

ロールプレイ②　〈のら犬〉

◎話しましょう！

(1) あなたは、犬と猫のどちらが好きですか。それはどうしてですか。
(2) あなたは、自分が、犬と猫のどちらに似ていると思いますか。

◆ロールカード◆

A：となりの部屋のBさんがのら犬にエサをやるので、アパートの近くに、いつもその犬がいます。あなたは犬がこわいので、ときどき、自分の部屋に入れないことがあります。Bさんに苦情を言ってください。

B：あなたは犬が大好きです。おなかをすかせたのら犬を見ると、かわいそうになって、すぐ食べ物をやってしまいます。そのため、犬がアパートの周りに住みついてしまいましたが、あなたは、内心うれしく思っています。

ロールプレイ③　〈捨て猫〉

◎話しましょう！

(1) あなたは、犬や猫を拾ってきた経験がありますか。
(2) そのとき、家の人はどう言いましたか。その犬や猫は、結局、どうしましたか。

◆ロールカード◆

A：あなたはアパートの大家です。あなたのアパートに住んでいるBさんは、最近、猫を飼っているようです。アパートで動物を飼うことは禁止しているので、注意してください。

B：学校の近くに、子猫が捨てられていました。そのままだと死んでしまうかもしれないと思ったので、拾ってきて部屋で飼っています。すごくかわいい子猫なので、このままずっと部屋で飼いたいと思っています。ルームメイトAさんの意見を聞いてみなくてはなりません。

復習しよう！

〈のら犬〉

A：（トントン）

B：はい。

A：あのう、2階のA（ ① ）。

B：はい、ちょっとお待ちください。（ドアを開ける）こんばんは。

A：こんばんは。ちょっと、お願いがあるんですけど。

B：はい、何ですか。

A：あのう、Bさん、（ ② ）。

B：はあ、ときどきやってますけど。

A：このごろずっとアパートの周りをうろうろしているので、こわくてアパートに入れないことがあるんですよ。だから（ ③ ）。

B：そうですね、でも、あの犬おとなしいから、（ ④ ）。

A：そうかもしれませんけど、私、犬がいるだけでこわいんですよ。それに（ ⑤ ）。

B：そうですか、それは申し訳ありませんでした。それじゃ、もう、エサをやるのはやめますよ。もし、それでも、うろうろしていたら、私が遠くの公園かどこかに連れていきますから。

A：ああそうですか。じゃ、おねがいします。申し訳ありません。

B：いえ、こちらこそ、すみませんでした。それじゃ。

A：失礼します。

①

②

③

④

⑤

練習しよう！

1. （　）の中に適当なことばを入れなさい。

(例) A：あなたが、あの猫を飼っているんですか。

B：飼っているわけじゃないんです。（　ただ、エサを何回かやっただけな　）んです。

(1) A：学校をサボったんですか。

B：サボったわけじゃないんです。（　　　　　　　　　　　　　　　　　）んです。

(2) A：授業をまじめに聞いていなかったんですか。

B：まじめに聞いていなかったわけじゃないんです。

（　　　　　　　　　　　　　　　　　　　　　　　　　　　　）んです。

(3) A：息子さんに会いたくないんですか。

B：会いたくないわけじゃないんです。

（　　　　　　　　　　　　　　　　　　　　　　　　　　　　）んです。

(4) A：私が作った料理は食べたくないんですか。

B：（　　　　　　　　　　　　　　　　　　　　　　　　　）わけじゃないんです。

(5) A：結婚したくないんですか。

B：（　　　　　　　　　　　　　　　　　　　　　　　　　）わけじゃないんです。

2. （　）の中に適当なことばを入れて、文を完成させなさい。

(例) うちのカメは、（手からエサを食べる）し、（何か言いたそうに私をじっと見る）し、

（　水をかえてやると喜んで泳ぎ回る　）し、すごくかわいいんですよ。

(1) うちの犬は、（　　　　　　　　　　　）し、（　　　　　　　　　　　　）し、

（　　　　　　　　　　　　）し、すごくかわいいんですよ。

(2) うちの猫は、（　　　　　　　　　　　）し、（　　　　　　　　　　　　）し、

（　　　　　　　　　　　　）し、すごくかわいいんですよ。

3. 「もしかして」を使って、文を作りなさい。

(例) もしかして、のら猫にエサをやっているのは、あなたですか。

ユニット 4
顔だけは知っている人と

ロールプレイの前に：うるさい！　勉強したいのに

ロールプレイ ①　〈うるさいぞ！（1）〉

◎ 話しましょう！

(1) あなたはよくパーティーをしますか。

(2) となりの部屋がすごくうるさかったら、あなたはどうしますか。

◆ロールカード◆

A：今、11時ですが、となりの部屋がすごくうるさいです。あしたは大切なテストがあるので、勉強しなければいけません。今日だけなら、まだ我慢できますが、となりの部屋の人はいつもうるさいです。苦情を言ってください。

B：今日はあなたの誕生日です。日本人の友達が料理を作ってきてくれましたし、国の友達も来ています。まだ、パーティーが始まったばかりですが、歌ったり踊ったりして、とてもにぎやかな、楽しいパーティーです。

第3課 ● アパート・マンションで

ロールプレイ ②　〈うるさいぞ！（2）〉

◎ 話しましょう！

(1) 何かの前日に、緊張して眠れなかったという経験がありますか。

(2) それは、何の前日でしたか。

◆ロールカード◆

A：明日はサッカーの試合があるので、今晩は早く寝たいと思っています。ところが、となりの部屋がうるさくて、全然眠れません。今は、もう11時過ぎです。となりの人に苦情を言ってください。

B：今日、ようやく期末試験が終わりました。試験のストレスを解消しようと思い、友達を呼んでマージャンをしています。今は11時半ですが、マージャンはまだ始まったばかりです。

ロールプレイ ③　〈うるさいぞ！（3）〉

◎ 話しましょう！

(1) あなたは、夜中に洗濯をすることがありますか。

(2) となりの洗濯の音がすごくうるさかったら、あなたはどうしますか。

◆ロールカード◆

A：となりの部屋の人は、いつも夜中に帰ってきて、それから洗濯をします。古い洗濯機を使っているので、音がうるさく、あなたは、いつもなかなか眠れません。今日も、もう12時だというのに、洗濯を始めています。苦情を言ってください。

B：あなたは、夜遅くまでアルバイトをしているので、いつも帰りが遅くなります。昼間は授業やアルバイトで大変忙しいので、洗濯は夜しかできません。古い洗濯機なので音がうるさいのですが、新しいのを買うお金がありません。

復習しよう！

〈うるさいぞ！（1）〉

　　A：（トントン）
　　B：はーい。（ドアを開ける）
　　A：あのう、すみません。（　①　）なんですけど。
　　B：はい、何でしょうか。
　　A：ずいぶんにぎやかなようですけど、今日は（　②　）？
　　B：ええ、ちょっとパーティーをしているんですけど。
　　A：そうですか。あのう、もう少し（　③　）。明日は（　④　）。
　　B：あっ、どうもすみません。そんなにうるさかったですか。
　　A：ええ。
　　B：それは、本当にどうもすみませんでした。でも、実は、今日は私の誕生日なんですよ。
　　A：ああ、そうですか。
　　B：それで、（　⑤　）。だから、もう少しだけ（　⑥　）
　　A：そうですねえ、年に1度だけの誕生日ならしかたがないですね。でも、（　⑦　）。
　　B：はい、わかりました。本当にどうもすみませんでした。
　　A：いえいえ。じゃあ、よろしくお願いします。
　　B：はい、本当にどうもすみませんでした。

①

②

③

④

⑤

⑥

⑦

練習しよう！

1．「人」か「者」か、どちらか適当なほうを（　）に入れなさい。

　(1) すみません。わたしは2階に住んでいる（　　　）なんですが。

　(2) うちの会社の（　　　）がそちらに参りますので。

　(3) 知らない（　　　）に話しかけられた。

　(4) 親戚の（　　　）が、いつもそちらでお世話になっています。

　(5) あなたみたいな勝手な（　　　）は、私、もう知りません。

　(6) よその大学の（　　　）が、うちの大学に勉強に来ている。

2．「実は」のあとに、文を続けなさい。

　　　(例) ちょっとうるさいようですけど、今日は何かあるんですか。
　　　　　　実は、（　今日は私の誕生日な　）んです。

　(1) A：どうして今日は、そんなに早く寝るんですか。
　　　B：実は、（　　　　　　　　　　　　　　　　　　　　　　）んです。

　(2) A：どうして、昨日のパーティーに来なかったんですか。
　　　B：実は、（　　　　　　　　　　　　　　　　　　　　　　）んです。

　(3) A：顔色が悪いけど、何か心配なことでもあるんですか。
　　　B：実は、（　　　　　　　　　　　　　　　　　　　　　　）んです。

3．次の表現を使って、いろいろなことを頼む練習をしましょう。

　・(～て) くれる？
　・もらえる？
　・くれない？
　・もらえない？
　・くれませんか？
　・もらえませんか？
　・くださいませんか？
　・いただけませんか？
　・もらいたいんだけど……。
　・いただきたいんですが……。
　・もらえたら、助かるんだけど……。
　・いただけたら、ありがたいんですが……。

第 4 課

ハプニング！

ユニット1　人について説明する（1）

ユニット2　人について説明する（2）

ユニット3　部屋の中を説明する

ユニット4　機械について説明する

ユニット5　乗り物について説明する

ユニット6　言い訳する

人生にはハプニングがつきものです。

　人生にはハプニングがつきものです。日本での生活も同様です。しかし、そこで落ち込んでいてはいけません。困ったことがあったときこそ、明るく明るく！　この課では、何かハプニングが起こったときの会話を練習します。さあ、がんばりましょう！

ユニット 1
人について説明する（1）

ロールプレイの前に：この人はだれ？　どんな人？

(1)

(2)

(3)

(4)

ベートーベン　　ナイチンゲール

レオナルド・ダ・ビンチ　　ガンジー

ロールプレイ ①　〈友達の友達〉

◎ 話しましょう！

(1) あなたは、友達がたくさんいますか。
(2) おもしろい友達や、変わった友達はいますか。
(3) 友達についてのエピソードを話してください。

◆ロールカード◆

A：あなたは、今度の日曜日に横浜に行きたいと思っています。友達のBさんに電話をして、誘ってみてください。

B：今、国から友達が遊びにきています。その友達が、今度の日曜日に横浜に行ってみたいと言っていますが、あなたはテニス部の練習があるので、その日は行けません。そこでたまたま横浜に行きたいと考えているAさんに、友達を横浜に連れて行ってくれるように頼んでみてください。また、そのときに、あなたの友達が、いかに魅力的で、いかにおもしろい人であるかということを、Aさんによく説明してください。

ロールプレイ ②　〈恋人紹介〉

◎ 話しましょう！

(1) あなたは、どんな恋人がほしいですか。

◆ロールカード◆

A：あなたは恋人がほしいと思っていますが、全然できません。どうすれば恋人ができるのか、Bさんに相談してみてください。

B：Aさんには恋人がいないので、あなたの友達を紹介してあげようと思っています。その友達はあなたの親友で、本当にいい人です。その良さがわかるようなエピソードを話し、その人がどんな人なのか、Aさんに説明してあげてください。

復習しよう！

〈恋人紹介〉

A：Bさん、ちょっと相談があるんだけど。

B：うん、何。

A：あの、Bさんにはかっこいい彼がいるよね。

B：うん、まあ、かっこいいかどうかは、わからないけどね。

A：どうしたら、私にも、恋人ができるかな。

B：あっ、もしよかったら、私の友達を紹介しようか。

A：えっ、本当？　うれしいな。でも、その人、どんな人なの？

B：うん、私の幼なじみで、すごくいい人。

A：いい人と言われても、あんまりはっきりわからないんだけど、もっと具体的に言うと、どんなところがいいの？

B：そうね、たとえば、こんなことがあったんだ。（　①　）。

A：へえ、本当にいい人なんだね。

B：参考のために聞いておきたいんだけど、Aさんは、どんな人が好きなの。

A：（　②　）。

B：へえ。じゃあ、逆に、嫌いなタイプは？

A：そうだね、（　③　）は絶対にいや。ところで、Bさんは、今の彼と、どうやって知り合ったの？

B：（　④　）。

A：へー、そうだったの。私もがんばろう。

①

②

③

④

練習しよう！

1．次の(1)～(7)を、(例)のように変えて言ってみなさい。

(例) 私の友達と一緒に行きます。→　私の友達と一緒に行く（　という　）のはどうですか。

(1) 京都に行くなら、清水寺を訪ねてみます。
(2) 食事の後で、おしゃれなバーに行きます。
(3) たまには、思いっきりぜいたくにレストランで食事をします。
(4) 恋愛結婚にこだわらないで、見合いをしてみます。
(5) 旅行に行く代わりに、無人島で1週間暮らしてみます。
(6) せっかく中国に行くのだから、モンゴルまで足をのばします。
(7) ゴールデンウィークは、どこにも行かないで、家でごろごろします。

2．次の表現のうち、プラスのイメージがあるものはどれですか。

(1) がりがりで骨と皮ばかりだ。　　(2) 細めですらっとしている。
(3) やや太めでがっしりしている。　(4) おなかが出ている。
(5) 少しぽっちゃりしている。　　　(6) ひげが濃い。
(7) 髪がぼさぼさだ。　　　　　　　(8) 目がぱっちりしている。

3．適当な文を考えて（　）に入れ、(例)のようにしなさい。

(例) A：彼は、すごく明るいんですよ。
　　B：へえ。
　　A：(　どんなに苦しいときでも、絶対に笑顔を忘れないんです　)。

(1) A：彼は、すごくやさしいんですよ。
　　B：へえ。
　　A：(　　　　　　　　　　　　　　　　　　　　　　　　)。

(2) A：彼はすごくわがままなんですよ。
　　B：へえ。
　　A：(　　　　　　　　　　　　　　　　　　　　　　　　)。

(3) A：彼は、几帳面なんですよ。
　　B：へえ。
　　A：(　　　　　　　　　　　　　　　　　　　　　　　　)。

ユニット 2
人について説明する（2）

ロールプレイの前に：あなたは笑い上戸？　泣き上戸？

あなたは、酔っ払うと、どうなりますか。

(1) すぐに寝る　(2) よくしゃべる　(3) よく笑う　(4) 泣く　(5) グチを言う

それとも、

こんな感じ？

ロールプレイ①　〈酔っ払い〉

◎ 話しましょう！

(1) あなたは、お酒が好きですか。
(2) お酒を飲みすぎたことがありますか。また、そのときどうなりましたか。
(3) あなたの友達で、酒癖の悪い人はいますか。
(4) その人は、酔っ払うとどうなりますか。

◆ロールカード◆

A：あなたは昨日、友人のBさんと二人で飲みに行きました。ところが、Bさんは完全に酔っ払ってしまいました。そのときどんな様子だったのか、Bさんに説明してあげてください。

B：あなたは昨日、Aさんと二人で飲みに行きました。しかし、あなたは、ものすごく酔っ払ってしまい、そのときのことを、まったく覚えていません。今日の気分は最悪。完全な二日酔いです。

ロールプレイ ②　〈二人は恋人？〉

◎ 話しましょう！

(1) あなたは、異性の友達がいますか。

(2) 友達と恋人は、どう違いますか。

(3) あるカップルを見て、その二人が、友達なのか恋人なのか、判断できますか。

◆ロールカード◆

A：昨日の夜、クラスメートのY子さんが、あなたの知らない男性（たぶん恋人！）と二人で街を歩いていました。あなたはそのことをだれかに話したくて仕方がありません。同じクラスのBさんに電話をして、二人がどんな様子だったか、詳しく教えてあげてください。

B：クラスメートのY子さんが、昨日、恋人と二人で街を歩いていたそうです。しかし、あの、おとなしくて無口なY子さんに恋人がいるとは、どうしても信じられません。そのときの状況を、Aさんにくわしく聞いてください。

ロールプレイ ③　〈けんかをやめて！〉

◎ 話しましょう！

(1) あなたは、けんかを目撃したことがありますか。

(2) それは、どんなけんかでしたか。

◆ロールカード◆

A：昨夜、クラスメートのSさんが街でけんかをしているのを見て、あなたはびっくりしました。同じクラスのBさんに電話をして、そのときの様子を、教えてあげてください。

B：昨夜、クラスメートのSさんが、街でけんかをしていたそうです。しかし、あの、おとなしいSさんがけんかをするとは、どうしても信じられません。そのときの状況を、Aさんにくわしく聞いてください。

復習しよう！

〈酔っ払い〉

A：顔色が悪いね。気分はどう？

B：もう、最悪だよ。

A：昨日のこと、（ ① ）？

B：全然。

A：昨日はどのぐらい飲んだの？

B：（ ② ）けど、そのあとはまったく記憶がないんだよ。

A：ああ、そう。ところで、どうして、昨日はそんなにたくさん飲んだの？

B：（ ③ ）。で、ぼくは昨日、どんな様子だった？

A：ずいぶん酔っ払っていたよ。それで、（ ④ ）たり、（ ⑤ ）たり、（ ⑥ ）たり。それに、（ ⑦ ）たから、（ ⑧ ）し。

B：ああ、そう。ずいぶん迷惑をかけたみたいだね。

A：まあ、別にたいしたことはないよ。だけど、B君は酔っ払うと（ ⑨ ）から、気をつけたほうがいいよ。

B：うん、わかった。これからは気をつけるよ。

①

②

③

④

⑤

⑥

⑦

⑧

⑨

第4課 ● ハプニング！

練習しよう！

1．次の(1)〜(5)を、それぞれ1つの文にしなさい。

（例）デイビッドが彼女と楽しそうに話している。

　　私は喫茶店から見ていた。

　　→デイビッドが彼女と楽しそうに話しているのを、私は喫茶店から見ていた。

(1) 二人は喫茶店に入って来る。

　　少し離れたところに座った。

(2) デイビッドが彼女に何かささやく。

　　彼女はうれしそうにうなずいていた。

(3) 二人は私に見られている。

　　全然気づかなかった。

(4) 二人はジュースを飲む。

　　結婚式のパンフレットを広げる。

　　熱心に読んでいた。

(5) ジュースを飲み終える。

　　二人は笑う。

　　肩を寄せ合って喫茶店から出ていった。

ユニット 3
部屋の中を説明する

ロールプレイの前に：部屋の中はどうなっている？

ロールプレイ①　〈きたない部屋〉

◎ 話しましょう！

(1) あなたの部屋は、きれいですか。

(2) あなたは、週に何回、部屋を掃除しますか。

(3) もし、全然、掃除をしていないときに、突然、友達が遊びにきたら、どうしますか。

◆ロールカード◆

A：あなたの部屋に、突然、友達のBさんが遊びにきました。しかし、あなたの部屋は、今、メチャクチャになっています。今の部屋の状態を説明して、部屋に入ってもらうことができないことをBさんにわかってもらってください。

B：しばらく会っていないAさんに急に会いたくなったので、ケーキを買って、Aさんのところに行ってみることにしました。Aさんの部屋でおしゃべりをしながら、一緒にケーキを食べたいと思っています。

第4課 ● ハプニング！

ロールプレイ ②　〈パーティーのあとかたづけ〉

◎ 話しましょう！

（1）あなたは、部屋に友達をたくさん呼んで、パーティーをしたことがありますか。
（2）そのとき、部屋はどうなりましたか。

◆ロールカード◆

A：昨夜、あなたの部屋でパーティーをしました。とても楽しいパーティーだったのですが、同じクラスの友達15人が狭い部屋に入って、しかも、みんな、かなり酔っ払っていたので、けさ起きたら、部屋の中はメチャクチャでした。昨日のパーティーに来ていたBさんに、今の部屋の状態を説明して、掃除を手伝ってもらってください。

B：昨日は、Aさんの部屋でパーティーをしました。とても楽しいパーティーだったのですが、飲みすぎて、あまりよく覚えていません。

復習しよう！

〈きたない部屋〉

B：(ピンポーン)
A：はーい。
B：Bですけど。おひさしぶり。
A：えっ、Bさん？　ちょっと待ってね。(ドアを開ける)
B：こんにちは。突然ごめんね。近くまで来たから、おしゃべりでもしようかなと思って。
A：ああ、ほんとにひさしぶりだね。あの、あがってもらいたいんだけど、（　①　）。
B：いいよ、そんなの。
A：いや、それがすごいの。毎日出かけてたもんだから、全然、掃除してなくて。そうだ、近くにハンバーガーショップがあるから、（　②　）。
B：それでもいいけど、ケーキ買って来ちゃったし、私も片づけるの手伝うからさ。
A：いや、見せられないぐらいひどいの。台所は（　③　）、洗濯物は（　④　）、服は（　⑤　）、テーブルは（　⑥　）、床には（　⑦　）。
B：じゃ、外で話そう。このケーキ、掃除終わってからゆっくり食べて。
A：ありがとう。じゃ、ちょっと待ってて。着替えてくるから。

①

②

③

④

⑤

⑥

⑦

練習しよう！

1．次の(1)～(7)を(例)のように変えなさい。

　　(例)洗濯物を干す。　→　洗濯物が干したままになっている。

　(1) 服を脱ぐ。
　(2) ラジオをつける。
　(3) 食器を出す。
　(4) ふとんを敷く。
　(5) 荷物を置く。
　(6) カーテンを閉める。
　(7) 冷蔵庫を開ける。

2．1の(1)～(7)を(例)のように変えなさい。

　　(例)洗濯物を干す。　→　洗濯物が干しっぱなしになっている。

3．次の(1)～(6)を(例)のように変えなさい。

　　(例)コップを割る。　→　コップが割れている。

　(1) 牛乳をこぼす。
　(2) 引き出しを開ける。
　(3) テレビをつける。
　(4) ゴミを落とす。
　(5) 本棚を倒す。
　(6) 鍵(かぎ)をこわす。

4．次の(1)～(7)を(例)のように変えなさい。

　　(例)新聞を読む。　→　読みかけの新聞

　(1) ケーキを食べる。
　(2) 料理を作る。
　(3) レポートを書く。
　(4) セーターを編む。
　(5) ワインを飲む。

ユニット 4
機械について説明する

ロールプレイの前に：パソコンについて勉強しよう！

(　　　　　　　)型パソコン　　　　　　(　　　　　　　)型パソコン

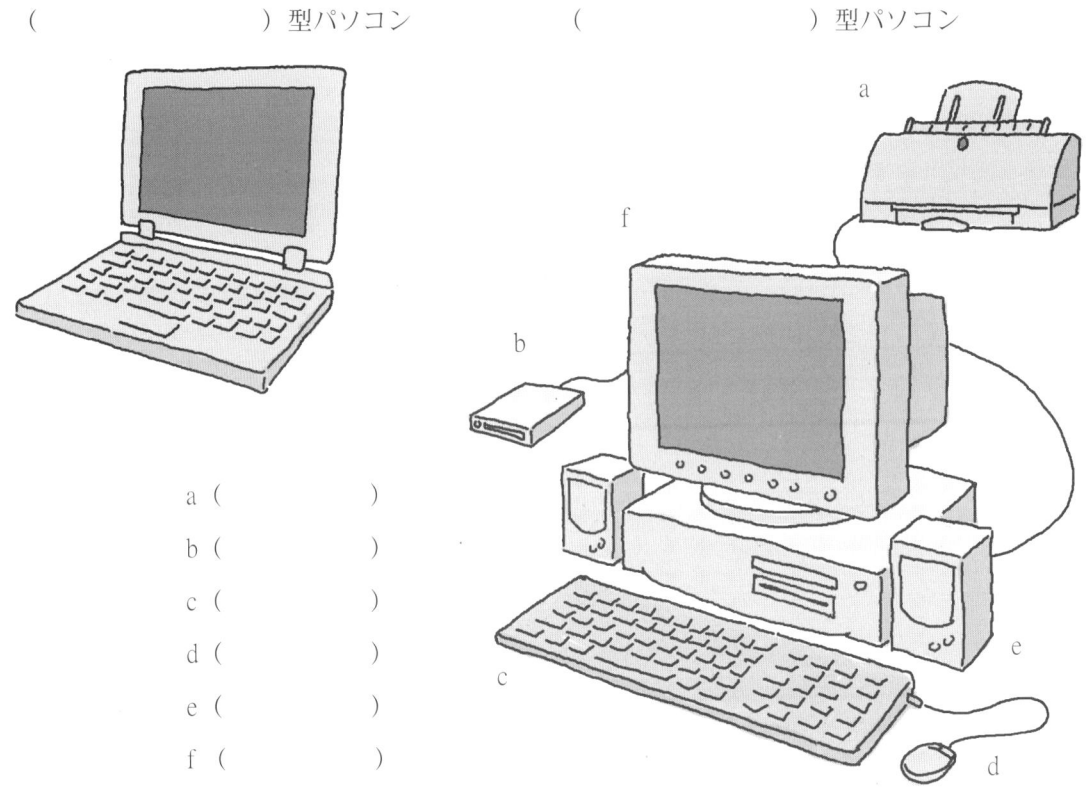

a (　　　　　)
b (　　　　　)
c (　　　　　)
d (　　　　　)
e (　　　　　)
f (　　　　　)

これは(　　　　　)画面。ワープロを使いたいときはどうすればいいの？

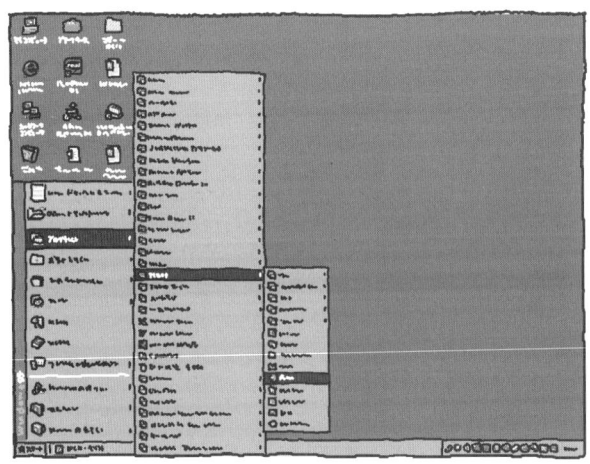

第4課 ● ハプニング！

ロールプレイ ①　〈こわれたワープロ〉

◎ 話しましょう！

(1) あなたはワープロを使ったことがありますか。
(2) ワープロとタイプライターとパソコンは、どこがどう違いますか。
(3) ワープロとはどんなものか、説明してください。

◆ロールカード◆

A：Bさんに借りていたワープロがこわれてしまいました。そのワープロを返しに行って、そこで何か言ってください。

B：Aさんが、あなたのワープロをこわしてしまったみたいです。こわれたときの状況や、今のワープロの状況を、Aさんにくわしく聞いてください。

ロールプレイ ②　〈こわれたビデオデッキ〉

◎ 話しましょう！

(1) あなたは、ビデオデッキを持っていますか。
(2) ビデオデッキには、どんなボタンがありますか。

◆ロールカード◆

A：Bさんに借りていたビデオデッキがこわれてしまいました。そのビデオデッキを返しに行って、そこで何か言ってください。

B：Aさんが、あなたのビデオデッキをこわしてしまったみたいです。こわれたときの状況や、今のビデオデッキの状況を、Aさんにくわしく聞いてください。

復習しよう！

〈こわれたビデオデッキ〉

A：(トントン)

B：はーい。(ドアを開ける)あ、こんばんは。

A：こんばんは。（　①　）申し訳ありません。

B：いえいえ。で、どうしたんですか。

A：あの、この前お借りしたビデオデッキ（　②　）なんですけど。

B：ビデオデッキが、どうかしたんですか。

A：あのう、実は、ビデオデッキ（　③　）。

B：えっ、こわれたんですか？　こわれたときの様子をくわしく教えてもらえませんか。もしかしたら、直せるかもしれませんから。

A：（　④　）。

B：ああ、そうですか。それは、すぐには直らないかもしれませんね。

A：本当にすみません。私が（　⑤　）から、お金のことは心配しないでください。

B：あっ、お金は大丈夫です。（　⑥　）がありますから。このビデオデッキは、買ってからまだ半年もたっていないので、メーカーに頼めば、たぶん、ただで修理してくれると思います。

A：ああ、そうですか。でも、本当にすみませんでした。

①

②

③

④

⑤

⑥

練習しよう！

1. パソコンがどうしてこわれたか、説明しなさい。

   （例）必要なソフトを（　　間違って消去してしまったんです　　）。

   (1) コーヒーをキーボード（　　　　　　　　　　　　　　　　）。

   (2) パソコンを移動しようとしたときに、（　　　　　　　　　　　　　）。

2. パソコンがどんなふうにこわれているか、説明しなさい。

   （例）電源を入れても、（　　初期画面が出てこないんです　　）。

   (1) 画面のアイコンをクリックしても、（　　　　　　　　　　　　　）。

   (2) どのキーを押しても、（　　　　　　　　　　　　　）。

   (3) マウスを動かしても、（　　　　　　　　　　　　　　）。

   (4) 変換キーを押しても、（　　　　　　　　　　　　　）。

   (5) 保存のところをクリックしても、（　　　　　　　　　　　　）。

   (6) ファイルを開こうとしても、（　　　　　　　　　　　　）。

   (7) 印刷しようとしても、（　　　　　　　　　　　　　　）。

3. ビデオデッキのボタンのマークにはどんな意味があるか、答えなさい。

   ⏪（　）　⏩（　）　⏹（　）　▶（　）

   ⏯（　）　⏸（　）　▷（　）　⏺（　）

   | a．再生　b．録画　c．巻き戻し　d．早送り |
   | e．停止　f．一時停止　g．コマ送り　h．スロー |

ユニット 5
事故について説明する

ロールプレイの前に：交通事故には気をつけて！

事故がどうやって起こったのか、説明してください。

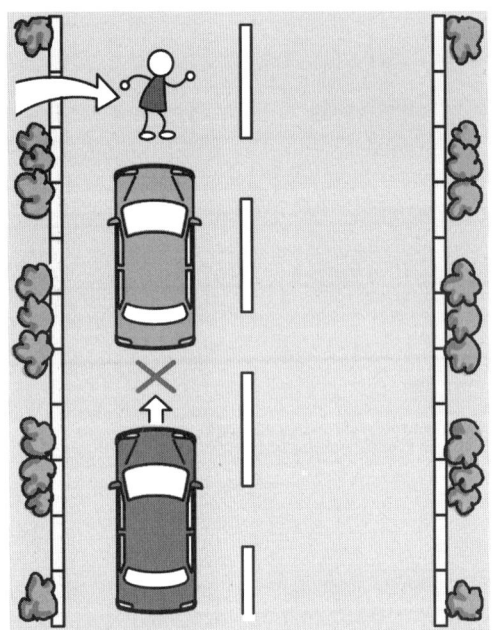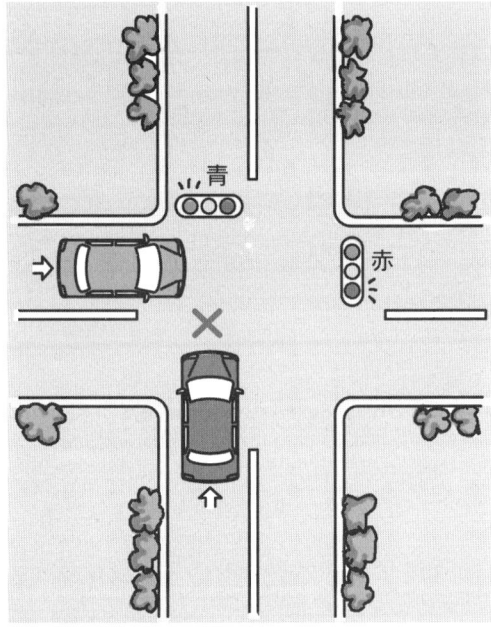

◆ロールプレイ ①　〈友達の車〉

◎ 話しましょう！

(1) あなたは、運転免許を持っていますか。

(2) 交通事故を見たことがありますか。それはどんな事故でしたか。

◆ロールカード◆

A：あなたは、友人のBさんから車を借りましたが、事故でこわしてしまいました。そのときの状況を説明して、Bさんに謝ってください。

B：あなたは、友人のAさんに車を貸しましたが、Aさんは、あなたの車を事故でこわしてしまったようです。事故の様子や、車の状態を、Aさんにくわしく聞いてください。

ロールプレイ ②　〈友達の自転車〉

◎ 話しましょう！

(1) あなたは、自転車を持っていますか。

(2) 自動車と比べて、自転車には、どのような利点がありますか。

◆ロールカード◆

A：あなたは、友人のBさんから自転車を借りましたが、事故でこわしてしまいました。そのときの状況を説明して、Bさんに謝ってください。

B：あなたは、友人のAさんに自転車を貸しましたが、Aさんは、あなたの自転車を事故でこわしてしまったようです。事故の様子や、自転車の状態を、Aさんに詳しく聞いてください。

復習しよう！

〈友達の自転車〉

A：もしもし、Aだけど、Bさん？

B：あー、Aさん、どうしたの？

A：あのう、ちょっと謝らなければいけないことがあるんだけど……。実は、このあいだ、Bさんに借りた自転車、ちょっとぶつかって、こわしてしまったんだよ。

B：えっ、どういうこと？　もう少しくわしく説明してよ。

A：昨日、（　①　）。

B：それで、Aさん、けがはないの？

A：ちょっと足（　②　）けど、たいしたことはないよ。でも、自転車は、（　③　）し、（　④　）し、たぶん、もう修理できないと思う。ほんとにごめんね。ぼくが何とか新しい自転車、手に入れるから、ちょっと待っててくれる？

B：それはいいけど、でも、Aさんはいつも注意深いのに、昨日はいったいどうしたの？　何かあったの？

A：（　⑤　）。

B：そうか、大変だったんだね。自転車のことはあまり気にしなくていいよ。どうせ古かったし。

A：ああ、ありがとう。じゃあね。

B：うん、じゃあね。

①

②

③

④

⑤

第4課 ● ハプニング！

練習しよう！

1. 星印（★）の車を、「（　文　）＋車」という形で説明してください。

　　（例）①道路に人が飛び出してきたのを見て、急ブレーキをかけた車。

2. 事故がどうやって起こったか、説明してください。

　　（例）①道路に人が飛び出してきたのを見て、急ブレーキをかけた車が、後ろから来た車に追突されたんです。

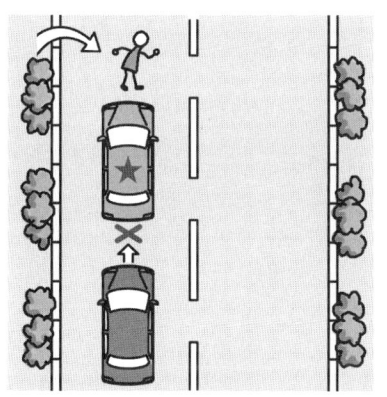

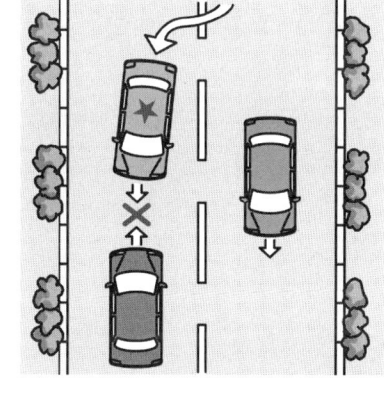

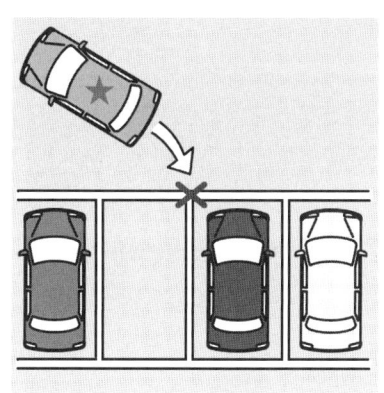

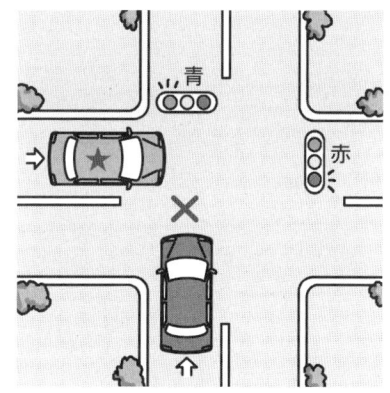

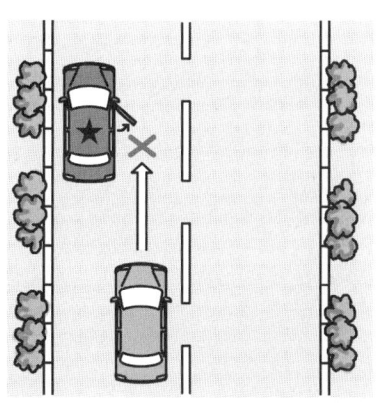

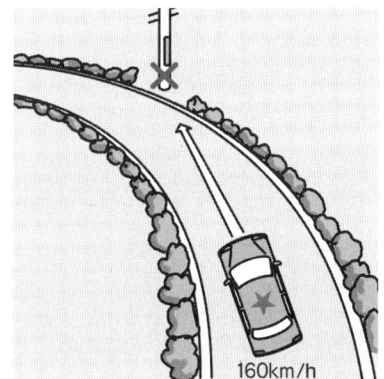

ユニット 6
言い訳する

ロールプレイの前に：遅刻はダメだよ！

次の３枚の絵を説明してください。

ロールプレイ ①　〈今日も遅刻！〉

◎ 話しましょう！

(1) あなたは、待ち合わせの時間を正確に守るほうですか。あなたの友達はどうですか。

(2) 待ち合わせの相手が来ないとき、あなたはいつも何分ぐらい待ちますか。

(3) 待ち合わせの時間にすごく遅れてしまったとき、あなたはどうやって、その埋め合わせをしますか。

◆ロールカード◆

A：あなたはよく約束の時間に遅れます。今までにうそをついて言い訳をしたこともありますが、今日は、本当に電車の事故が原因で遅れてしまったのです。Bさんに謝りながら、事情を説明してください。

B：Aさんはいつも約束の時間に遅れてきます。そして、いつもいろいろ言い訳をして、自分の遅刻を正当化しようとします。今日も待ち合わせの時間を１時間も過ぎて、ようやく来たところです。

ロールプレイ②　〈クーラーの行方？〉

◎ 話しましょう！

(1) あなたの部屋には、クーラーがありますか。
(2) お金の貸し借りで、何かいやな経験をしたことがありますか。

◆ロールカード◆

> A：日本の夏は暑いのでクーラーを買おうと思い、先日、Bさんに５万円借りました。しかし、クーラーを買う前に別のことにお金を全部使ってしまったので、まだ、クーラーを買っていません。

> B：Aさんが「暑くて勉強できないからクーラーを買いたい」と言うので、無理をして５万円貸しました。しかし、Aさんの家に行ってみると、クーラーはどこにもありません。貸したお金はどうなったのか、追及してください。

ロールプレイ③　〈友達の"顔"〉

◎ 話しましょう！

(1) 就職や入学や結婚などで、人の世話になったことがありますか。
(2) また逆に、就職や入学や結婚などで、人の世話をしたことがありますか。

◆ロールカード◆

> A：あなたは今、Bさんの紹介で皿洗いのアルバイトをしています。しかし、けさ新聞で、もっと時給の高いアルバイトがあることを知りました。さっそく、その会社に履歴書を送ろうと思っていますが、その前に一度、今のアルバイトを紹介してくれたBさんに相談してみてください。

> B：Aさんが、アルバイトを替えたいと言っています。しかし、今のAさんの皿洗いの仕事は、あなたが知り合いの店長にかなり無理を言って頼んだものなので、簡単にやめられては困ります。その店長には、あなた自身も保証人を頼むなど、いろいろ世話になっています。Aさんと話し合ってください。

復習しよう！

〈今日も遅刻！〉

　　A：ごめん、ごめん。ほんとに、ごめんね。
　　B：何時間待ったと（　①　）。
　　A：ごめんね。電車が遅れちゃってね。
　　B：本当？　いっつも（　②　）。
　　A：本当だよ。きょうは、ほんと。うそじゃないって。
　　B：1時間も電車が遅れる（　③　）
　　A：ほんとだって。○○○の駅で、事故があったんだ。
　　B：ほんとに？　なんだか信じられないな。それ、どんな事故だったの。
　　A：（　④　）。
　　B：ふうん、そうなの。まあ、今日のところは、許してあげるよ。
　　A：ほんとにごめん。遅れたおわびに（　⑤　）。
　　B：ほんと！　じゃあ、思いっきり高いものを食べてもいい？
　　A：仕方がない。いいよ。
　　B：やったあ！　じゃあ、早く行こうよ！

①

②

③

④

⑤

第4課 ● ハプニング！

練習しよう！

1. 「つい」を使って、言い訳をしなさい。

   (例) A：どうして、私が貸したお金でクーラーを買わなかったんですか。
   　　　B：(　　つい、ゲームセンターでお金を使ってしまったんです　　)。

   (1) A：どうして、ケーキが一つ足りないんですか。
   　　B：(　　　　　　　　　　　　　　　　　　　　　　　　　　)。

   (2) A：どうして、こんな汚いのら猫が、アパートにいるんですか。
   　　B：(　　　　　　　　　　　　　　　　　　　　　　　　　　)。

   (3) A：秘密にしてと言っておいたのに、私に恋人ができたことを、どうして田中さんが知っているんですか。
   　　B：(　　　　　　　　　　　　　　　　　　　　　　　　　　)。

   (4) A：今日は早く帰って来ると言っていたのに、どうして、こんなに遅くなったの？
   　　B：(　　　　　　　　　　　　　　　　　　　　　　　　　　)。

   (5) A：夕方までに必ず宿題を済ませると言っていたのに、どうして、まだ手をつけてもいないの？
   　　B：(　　　　　　　　　　　　　　　　　　　　　　　　　　)。

   (6) A：夕食を作って待っているから、何も食べずに来てくれと言っておいたのに、どうして食べてきたんですか。
   　　B：(　　　　　　　　　　　　　　　　　　　　　　　　　　)。

2. 次の(1)～(20)の動詞を、(例)のようにして言いなさい。

   (例) 待つ　→　待たせる人よりも、待たされる人のほうがずっと大変です。

   (1) 飲む　　(2) 食べる　　(3) 読む　　(4) 書く　　(5) 言う　　(6) 急ぐ
   (7) 立つ　　(8) 座る　　(9) 持つ　　(10) 覚える　　(11) 心配する　　(12) 走る
   (13) 歩く　　(14) 来る　　(15) やめる　　(16) 続ける　　(17) 作る　　(18) 片づける
   (19) 驚く　　(20) びっくりする

第 5 課

街のどこかで

ユニット1　ファッション

ユニット2　映　画

ユニット3　料　理

ユニット4　スポーツ

ユニット5　セレモニー

天気のいい日曜日。たまには、ふらっと街を歩いてみましょう！

あなたは、どんな毎日を過ごしていますか？　楽しい毎日ですか？　それとも、家と学校や職場との往復だけの毎日ですか？　休みの日に、ふらっと街を歩いてみましょう。何か新しい出会いがあるかもしれません。

ユニット 1

ファッション

ロールプレイの前に：どこの国の民族衣装かな？

(1)

(3)

(2)

(4)

ロールプレイ①　〈民族衣装〉

◎ 話しましょう！

(1) あなたの国には、どんな民族衣装がありますか。
(2) 今でも民族衣装を着ることがありますか。それは、どんなときですか。

◆ロールカード◆

A：来月、留学生の仮装大会があります。あなたは、Bさんの国の民族衣装を着て、仮装大会に出てみたいと思っています。Bさんに、Bさんの国の民族衣装について、いろいろ聞いてみてください。

B：来月、留学生の仮装大会があります。あなたは、Aさんの国の民族衣装を着て、仮装大会に出てみたいと思っています。Aさんに、Aさんの国の民族衣装について、いろいろ聞いてみてください。

ロールプレイ ②　〈美容院に行こう！〉

◎ 話しましょう！

(1) あなたは、日本で、美容院(床屋)に行ったことがありますか。
(2) 美容院(床屋)で、どのように言って髪を切ってもらいましたか。
(3) あなたの好きなヘアスタイルを教えてください。

◆ロールカード◆

A：明日、美容院に行くつもりですが、その前に、どんな髪型が似合うか、Bさんに相談してみようと思っています。まず、自分の希望の髪型を説明し、そのあとでBさんの意見を聞いてみてください。

B：Aさんは、明日、美容院に行くつもりですが、どんな髪型にしたらいいのか、迷っているみたいです。ヘアスタイルについてのアドバイスをしてあげてください。

ロールプレイ ③　〈おもしろいファッション〉

◎ 話しましょう！

(1) 日本の若者のファッションと、あなたの国の若者のファッションは違いますか。
　　もし違うなら、どのように違うか、教えてください。
(2) あなたは、日本の若者のファッションについて、どう思いますか。

◆ロールカード◆

A：街でおもしろいファッションをしている若者を見かけました。Bさんに電話をして、その若者の髪型・服装がどんなふうだったのか、説明してあげてください。

B：あなたは、若者のファッションにとても関心があります。Aさんがおもしろいファッションの若者を見たと言っています。くわしく聞いてください。

復習しよう！

〈美容院に行こう！〉

A：ねえねえ、Bさん、ちょっと相談があるんだけど。

B：うん、何。

A：明日、美容院に行くつもりなんだけど、どんな髪型にしたらいいかなあと思って。

B：Aさんは、どんな髪型にしたいと思ってるの。

A：そうねえ、まず、カットをしてもらおうと思ってるんだけど、前髪は（　①　）、それから、横は（　②　）、それで、後ろは（　③　）つもりなの。

B：へえ。で、パーマはかけるの。

A：うん、（　④　）。どうかなあ。私に似合うと思う？

B：うん、いいんじゃないかなあ。

A：Bさんは、どんなヘアスタイルがいいと思う？。

B：うん、そうねえ、思いきって（　⑤　）たらどう？　それに、（　⑥　）てみるのもいいかもしれないわね。

A：そうね、それもいいかもしれないわね。どうも、ありがとう。

B：いいえ、どういたしまして。

①

②

③

④

⑤

⑥

練習しよう！

1. a、b、cの中で、髪がいちばん長いのはどれですか。
   a．眉毛(まゆげ)がかくれるぐらいの長さ。
   b．目にかかるぐらいの長さ。
   c．おでこがかくれるぐらいの長さ。

2. 次の男性の髪型の中で、あなたがいちばん好きな髪型はどれですか。
   (1) 全体をスポーツ刈りのように切るが、後ろの髪だけを背中にかかるぐらいに伸ばす。
   (2) 前髪は眉毛にかかるぐらいに、後ろと横はすそをそろえて短めに切り、七三に分けてセットする。
   (3) 頭のてっぺんの髪の毛が薄くなってきたので、横の毛で頭のてっぺんをかくし、バーコードのようにする。
   (4) 頭の真ん中の髪だけを縦方向に残して、それ以外の部分をそる。
   (5) 全体に短めに切り、横と後ろは刈り上げ、ゆるくパーマをかける。

3. 次の女性の髪型の中で、あなたがいちばん好きな髪型はどれですか。
   (1) 横と後ろにシャギーを入れ、風が吹いたときに髪がゆれるようにする。
   (2) 全体にロングにして、前髪を伸ばし、右に分け目をつけて、髪全体を左に流す。
   (3) 全体にやや短めにして、すごく細いロットできつくパーマをかけ、ばね（スプリング）のような形にする。
   (4) 横と後ろを肩にかかるぐらいの長さに切りそろえ、前髪は下ろして、眉毛にかかるぐらいの長さで、まっすぐにそろえる。
   (5) 髪を左右に分けて、それぞれを束ね、丸く団子のようにする。

4. aとbの意味がどう違うか考えなさい。
   a．前髪を2センチぐらい切る。
   b．前髪を2センチぐらいに切る。

ユニット 2
映 画

ロールプレイの前に：ストーリーを教えて！

この物語のタイトルは（　　　　　　　　）です。

(1)

(2)

(3)

(4)

第5課 ●街のどこかで

ロールプレイ①　〈映画の話〉

◎ 話しましょう！

(1) あなたは、映画が好きですか。
(2) 今まで見た映画の中で、どの映画がいちばんよかったですか。
(3) その映画のストーリーを簡単に教えてください。

◆ロールカード◆

A：昨日、すごく印象に残る映画を見ました。その映画のストーリーを、映画が大好きなBさんに話してあげてください。

B：あなたは映画が大好きです。Aさんの見た映画の話を聞いてあげてください。あいづちをうったり、確認のための質問をしたりしながら、最後までうまく、Aさんに話をさせてください。

ロールプレイ②　〈レンタルビデオ屋さん〉

◎ 話しましょう！

(1) あなたは、レンタルビデオをよく利用しますか。
(2) 家でビデオで見る映画と映画館で見る映画は、どう違いますか。また、どちらに、どういう利点がありますか。

◆ロールカード◆

A：あなたは、以前に、すごく印象に残る映画を見ました。そのビデオを借りてもう一度見たいのですが、映画のタイトルがどうしても思い出せません。映画のストーリーをレンタルビデオ屋の店員に説明して、映画のタイトルを教えてもらってください。

B：あなたはレンタルビデオ屋の店員です。映画のことなら何でも知っています。お客さんが映画のタイトルがわからなくて困っています。一緒に考えてあげてください。

91

復習しよう！

〈レンタルビデオ屋さん〉

店員：いらっしゃいませ。

客　：あの、すみません。借りたいビデオがあるんですけど、その映画のタイトルがわからないんですよ。前に見たときに、すごくおもしろかったから、ぜひもう一度見たいんですけど。

店員：ああ、そうですか。どんなストーリーでしたか。ストーリーをお聞きすれば、もしかしたらタイトルがわかるかもしれません。

客　：（　①　）

店員：それなら、（　②　）ですね。

客　：あっ、そうです、そうです。

店員：じゃあ、今、お持ちしますね。

客　：はい、ありがとうございます。

①

②

練習しよう！

1．下の絵の内容に合うように、（　）の中に適当なことばを入れなさい。

A

(1)　　　　　　　　　　　(2)

① 健一君は、一生懸命バーベルを（　　　　　　　　　　　　　　　　　　　）が、

（　　　　　　　　　　　　）ので、なかなか（　　　　　　　　　　　　　　）。

② そこへ、一匹のヘビが現れました。

（　　　　　　　　　　　　　　　　）健一君は、（　　　　　　　　　　　　）、

バーベルを挙げることができました。

B

(1)　　　→2時間後→　(2)　　　→　(3)

① 良一君は、魚釣りをしていますが、今日はなかなか（　　　　　　　　　　　　　）。

② 2時間くらい（　　　　　　　　　　　　　）、ようやく魚がかかりましたが、

（　　　　　　　　　　　　　　）ので、（　　　　　　　　　　　　　　　　）。

③ それどころか、（　　　　　　　　　　　　　　　　）。

ユニット 3
料 理

ロールプレイの前に：安くておいしいアジフライ

アジフライの作り方を教えて！

(1)

(2)

(3)

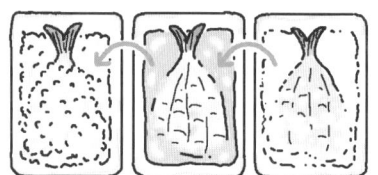

(4)

タルタルソースも作ろう！

(5)

出来たぞ！

第5課 ●街のどこかで

ロールプレイ①　〈ふるさとの味〉

◎話しましょう！

(1) あなたは、料理ができますか。
(2) あなたの国の伝統的な料理を教えてください。

◆ロールカード◆

A：今度の日曜日に、恋人があなたの家に遊びに来ます。恋人に会うのは久しぶりなので、何かめずらしい料理を作って喜ばせてあげたいです。Bさんに、Bさんの国の伝統的な料理の作り方を教えてもらってください。

B：Aさんが、あなたの国の伝統的な料理の作り方を教えてほしいと言っています。できるだけわかりやすく、教えてあげてください。

ロールプレイ②　〈外食？　自炊？〉

◎話しましょう！

(1) あなたはいつも、外食ですか。それとも自炊ですか。
(2) 外食と自炊は、どちらがいいですか。また、それぞれの利点は何ですか。

◆ロールカード◆

A：あなたは、一人暮らしをしていますが、外食ばかりしているせいか、最近、体の調子があまりよくありません。自炊をしたいのですが、料理は苦手ですし、また、あまり料理が好きでもありません。どうしたらいいか、Bさんに相談してみてください。

B：一人暮らしをしている友達のAさんは、まったく料理ができませんし、料理をしようともしません。外食ばかりでは体によくないことを説明し、何か簡単な料理の作り方を教えてあげてください。

復習しよう！

〈外食？　自炊？〉

A：　ちょっと、話があるんだけど。今いい？

B：　うん、いいけど。どうしたの？　なんか、顔色が悪いね。

A：　うん、最近、（　①　）があまりよくないんだよ。

B：　ちゃんと食べてる？

A：　うん、いちおう。

B：　でも、外食ばっかりなんじゃない？　外食ばかりだと栄養が（　②　）てしまうよ。たまには、自分で（　③　）？

A：　でも、料理は一度もしたことがないんだよ。もともと無器用だし。

B：　じゃあ、簡単な料理を教えてあげるよ。炊飯器は持ってる？

A：　うん。

B：　じゃあ、ご飯は（　④　）よね。温かいご飯に、生卵を落として、（　⑤　）て食べるんだよ。あっ、しょうゆを（　⑥　）のを忘れないでね。簡単でしょ？

A：　うん、でも、それで栄養はあるの？　野菜がなくても大丈夫なの？

B：　じゃあ、トマトを切って食べたらいいよ。

A：　なんか、貧乏くさいな。ローストビーフとか酢豚が食べたいな。

B：　そんなの、最初は無理だよ。まずは、卵ご飯とトマトサラダに挑戦してみたら？

A：　うん、わかった。やってみるよ。どうもありがとう。

①

②

③

④

⑤

⑥

第5課 ●街のどこかで

練習しよう！

1．カレーライス、おでん、ハンバーグの作り方を説明しなさい。

(1) カレーライス

① まず、じゃがいも、にんじん、玉ねぎ、豚肉を切ってください。じゃがいもとにんじんは、(　　) にしてください。

② 次に、フライパンに油を(　　)、じゃがいも、にんじん、玉ねぎ、豚肉を軽く(　　)ます。

③ 次に、じゃがいも、にんじん、玉ねぎ、豚肉と水を(　　)に入れ、2時間ぐらい(　　)ます。

④ 次に、カレールーを割って入れます。それから、また、30分ぐらい(　　)ますが、そのとき、強火ではなく(　　)にしてください。そうしないと、カレーが(　　)しまいます。

⑤ そして、カレーのいい香りがしてきたら出来上がりです。カレー用の平たい皿にご飯を盛り、その上にカレーを(　　)、お召し上がりください。

(2) おでん

① まず、材料を切ってください。大根は(　　)にして、こんにゃくやちくわも食べやすい大きさに切ってください。

② 卵を入れる場合は、まず、卵を(　　)おきます。

③ 次に、大きな鍋に水を入れ、昆布で(　　)をとります。そして、大根、卵、こんにゃく、ちくわ、はんぺんなど、お好みの材料を入れてください。

④ ときどき、味を(　　)、もし味が(　　)ようなら、しょうゆを少々入れましょう。

⑤ そして、3時間ぐらい(　　)、材料によく味が染みたら、出来上がりです。

⑥ 皿に盛り、(　　)を付けて、お召し上がりください。ご飯にもビールにもよく合いますよ！

(3) ハンバーグ

① まず、豚肉と牛肉の(　　)を準備します。

② 次に、玉ねぎを(　　)にしてください。

③ それから、肉と玉ねぎとパン粉をまぜ、よく(　　)ます。

④ 次に、よくまぜ合わせたものを、手で形を整え、フライパンで(　　)ます。

⑤ 焼け具合を見ながら、ときどき(　　)ください。

　(　　)を刺しても赤い(　　)がつかなくなったら、出来上がりです。

⑥ 野菜などと一緒に皿に(　　)、お好みでトマトケチャップを(　　)、お召し上がりください。

ユニット 4
スポーツ

ロールプレイの前に：どこが、どう違うの？

と

と

ロールプレイ ①　〈国技紹介〉

◎ 話しましょう！

(1) あなたの国で、いちばん人気のあるスポーツは何ですか。

(2) あなたの国の国技は何ですか。

(3) それは、どんなスポーツですか。

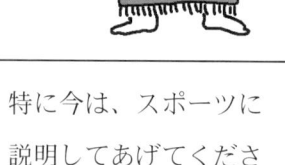

◆ロールカード◆

A：Bさんは、あなたの国のいろいろなことに興味を持っています。特に今は、スポーツに興味を持っているようです。あなたの国の国技がどんなものか、説明してあげてください。

B：あなたは、Aさんの国のこと、特に最近では、Aさんの国の伝統的なスポーツに興味を持っています。Aさんの国の国技について、いろいろ聞いてください。

第5課 ●街のどこかで

ロールプレイ②　〈ルール、知らないの？〉

◎ 話しましょう！

(1) あなたは、サッカーのルールを知っていますか。

(2) オフサイドとは、どのような反則ですか。説明してください。

◆ロールカード◆

A：Bさんは、サッカーのワールドカップを見て以来、すっかりサッカーファンになってしまったようです。しかし、Bさんは、サッカーのルールをほとんど知らないそうです。Bさんにサッカーのルールを教えてあげてください。

B：あなたは、サッカーのワールドカップを見て、すっかりサッカーのファンになってしまいました。これから、町のサッカークラブに入ろうと思っていますが、サッカーのルールをほとんど知りません。Aさんに教えてもらってください。

＊サッカーだけでなく、ほかのスポーツのルールも、説明してみてください。

ロールプレイ③　〈いい汗かいてる？〉

◎ 話しましょう！

(1) スポーツをすることのよさを説明してください。

◆ロールカード◆

A：あなたは、毎日スポーツクラブに通っています。まったくスポーツをしていないBさんに、スポーツをすることのよさを説明し、スポーツクラブに入って少しは体を動かすように説得してください。

B：あなたは、最近、運動不足で太りぎみです。何かスポーツをしたほうがいいとは思うのですが、今は忙しくて、それどころではありません。それに、もともと体を動かすことはあまり好きではありません。

復習しよう！

〈ルール、知らないの？〉

  B：サッカーって最高だよね。

  A：急にどうしたの。

  B：昨日、テレビでワールドカップを見て、もうすっかりサッカーのファンになっちゃったよ。

  A：ふうん。

  B：で、さっそく、町のサッカーチームに入ろうかと思って。

  A：Bさん、サッカーのルール、知ってるの？

  B：それが、ほとんど知らないんだよ。

  A：じゃあ、簡単に教えてあげるよ。（ ① ）。

  B：ふうん、そうか。ところで、オフサイドって、いったい何なの？　昨日、テレビで見ていて、よくわからなかったんだけど。

  A：（ ② ）。

  B：へー、けっこう難しいんだね。でも、だいたいわかったよ。どうも、ありがとう。

①

②

第5課 ●街のどこかで

練習しよう！

1. (　)の中に適当なことばを入れて、文を完成させなさい。

A：相撲の勝ち負けがどうやって決まるのか、教えてください。
B：相手を、土俵の外に(　　　)か、あるいは、相手の(　　　)を地面につけたら、勝ちです。(　　　)たり、(　　　)たりするのは、反則ですから、してはいけません。

A：ボクシングの勝ち負けがどうやって決まるか、教えてください。
B：お互いに殴り合って、どちらかが倒れることをダウンと言います。どちらかがダウンして(　　　)たら、ノックアウト（KO）で相手の勝ちになります。もし、どちらもKOされずに全ラウンドが終わってしまったら、(　　　)で勝負が決まります。

A：テニスのジュースって、何ですか。
B：ポイントが「40対40」になった状態をジュースといいます。ジュースになったら、(　　　)ほうが勝ちです。

A：野球の盗塁って、何ですか。
B：ピッチャーがキャッチャーにボールを投げるときに、ランナーが次の塁に走っていくことです。もし(　　　)たら、ランナーはアウトになります。

A：囲碁のルールを教えてください。
B：一方の人が白い石を持ち、もう一方の人が黒い石を持って、順番に置いていき、もし(　　　)たら、その石を取ることができます。そして、(　　　)が、自分の陣地になります。全部打ち終わったときに、陣地が広いほうが勝ちになります。

A：ジャンケンって、何ですか。
B：ジャンケンとは、グー、チョキ、パーという3種類のうちの、どれかの形を手で作って出し、相手と見せ合うゲームのようなものです。グーは(　　　)、チョキは(　　　)、パーは(　　　)を意味しています。グーは(　　　)に勝ち、チョキは(　　　)に勝ち、パーは(　　　)に勝ちます。全員が同じものを出したときには、勝負がつきませんから、「あいこ」になります。また、3人以上でジャンケンをして、(　　　)場合も「あいこ」になります。「あいこ」のときは、勝負がつくまでジャンケンを繰り返します。

101

ユニット 5
「晴れ」の日

ロールプレイの前に：和服？　それとも、ドレスやタキシード？

ロールプレイ①　〈私の国の結婚式〉

◎ 話しましょう！

(1) あなたは、国で、あるいは日本で、結婚式に招待されたことがありますか。

(2) その結婚式の様子を教えてください。

◆ロールカード◆

A：Bさんは、あなたの国の男性(女性)と付き合っています。そのせいか、あなたの国の結婚式に興味を持っているようです。あなたの国の結婚式について、いろいろ教えてあげてください。

B：あなたは、Aさんの国の男性(女性)と付き合っています。プロポーズはまだですが、絶対に結婚したいと思っています。もし結婚することになったら、たぶん、Aさんの国で結婚式をすることになるでしょう。そのときのために、Aさんの国の結婚式について、詳しく聞いておいてください。

ロールプレイ ②　〈国民の行事・習慣〉

◎ 話しましょう！

(1) 正月や大みそかの過ごし方は、あなたの国と日本とでは、どのように違いますか。

(2) 節分、ひなまつり、クリスマス、バレンタインデー、お花見、お月見、お墓参り、帰省、お中元、お歳暮など、日本の行事や習慣を、あなたはどのぐらい知っていますか。

(3) あなたの国の行事や習慣には、どのようなものがありますか。

◆ロールカード◆

A：Bさんは、あなたの国のいろいろなことに興味を持っています。特に今は、あなたの国の独特な行事や習慣に興味を持っているようです。あなたの国の行事や習慣について、説明してあげてください。

B：あなたは、Aさんの国のこと、特に最近では、Aさんの国の独特な行事や習慣に関心を持っています。Aさんの国の行事や習慣について、いろいろ聞いてみてください。

ロールプレイ ③　〈友達代表〉

◎ 話しましょう！

(1) あなたは、人前で話すのが得意ですか、それとも、苦手ですか。

(2) あなたは、だれかの結婚式で、スピーチをしたことがありますか。

(3) 結婚式のスピーチでは、どんなことを話すべきだと思いますか。また、どんなことは話すべきではないと思いますか。

◆ロールカード◆

あなたは、あなたの日本語学校のA先生の結婚式に招待されています。A先生の結婚相手は、あなたの国の男性（女性）Bさんです。学生を代表して、お祝いのスピーチをしてください。

復習しよう！

〈友人代表〉

司会者：引き続きまして、新郎（新婦）の、日本語学校での教え子でいらっしゃいます○○様より、お祝辞を頂戴いたしたく存じます。それでは、○○様、よろしくお願いいたします。

○○　：ただいま（　①　）○○と申します。A先生、そして、新郎（新婦）のBさん、今日は本当におめでとうございます。

　　　まず最初に、私とA先生との関係について、簡単にお話ししたいと思います。（　②　）。A先生の授業は、大変おもしろく、学生たちにもすごく人気があります。ここで、A先生のエピソードを一つ、ご紹介したいと思います。（　③　）。

　　　このように、人間的にも、また、教師としても、本当に魅力的なA先生が、このたびご結婚されることになり、わたくしたち学生一同、心からうれしく思っております。A先生、そして、Bさん、どうか（　④　）。

　　　誠に簡単ではありますが、これで、（　⑤　）。

①

②

③

④

⑤

第5課 ●街のどこかで

練習しよう！

1. （　）の中に適当なことばを入れて、文を完成させなさい。

（例）A：帰省って、何ですか？

B：（　都会で働いている人たちが、お盆や正月などにふるさとに帰る　）ことで、（　日本全体で、同じ時期に同じような行動をとるので、道路や乗り物が大変混雑します　）。

(1) A：お歳暮って、何ですか？

B：（　　　　　　　　　　　　　　　　　　　　　　　　　　　　　）贈り物で、

（　　　　　　　　　　　　　　　　　　　　　　　　　　　　　　　）。

(2) A：クリスマスって、何ですか？

B：（　　　　　　　　　　　　　　　　　　　　　　　　　　　　　）日のことで、

（　　　　　　　　　　　　　　　　　　　　　　　　　　　　　　　）。

(3) A：ゴールデンウィークって、何ですか？

B：（　　　　　　　　　　　　　　　　　　　　　　　　　　　　　）休みのことで、

（　　　　　　　　　　　　　　　　　　　　　　　　　　　　　　　）。

(4) A：節分って、何ですか？

B：（　　　　　　　　　　　　　　　　　　　　　　　　　　　　　）行事のことで、

（　　　　　　　　　　　　　　　　　　　　　　　　　　　　　　　）。

(5) A：お花見って、何ですか？

B：（　　　　　　　　　　　　　　　　　　　　　　　　　　　　　）ことで、

（　　　　　　　　　　　　　　　　　　　　　　　　　　　　　　　）。

(6) A：春分の日って、何ですか？

B：（　　　　　　　　　　　　　　　　　　　　　　　　　　　　　）日のことで、

（　　　　　　　　　　　　　　　　　　　　　　　　　　　　　　　）。

(7) A：大みそかって、何ですか？

B：（　　　　　　　　　　　　　　　　　　　　　　　　　　　　　）日のことで、

（　　　　　　　　　　　　　　　　　　　　　　　　　　　　　　　）。

(8) A：初夢って、何ですか？

B：（　　　　　　　　　　　　　　　　　　　　　　　　　　　　　）夢のことで、

（　　　　　　　　　　　　　　　　　　　　　　　　　　　　　　　）。

第 6 課

学校で、職場で

ユニット1　ゼミ旅行

ユニット2　合宿

ユニット3　説明会・発表会

ユニット4　私の先生

今日も一日、仕事に勉強にがんばりましょう！

　朝、眠い目をこすりながらバスや電車に乗り、学校や会社に行きます。宿題をしていなくても、残業が大変でも、朝ご飯を食べていなくても、寝不足でも、学校・会社には休まず行ってください。それが、みなさんの"仕事"なんですから……。さあ、ファイト！　ファイト！

ユニット 1
ゼミ旅行

ロールプレイの前に：ゼミって、何？

ロールプレイ ①　〈ゼミ旅行とアルバイト〉

◎ 話しましょう！

(1) あなたの国の大学にはゼミがありますか。

(2) あなたの国の大学では、卒論指導はどのように行われていますか。

◆ロールカード◆

A：ゼミ旅行がアルバイトと重なってしまいました。友人のBさんにアルバイトを代わってくれるよう、頼んでみてください。

B：友達のAさんからアルバイトを代わってくれるように頼まれますが、その日は指導教官と食事をする約束があります。

ロールプレイ ②　〈ゼミ旅行と母の来日〉

◎ 話しましょう！

(1) あなたの家族は、日本に来たことがありますか。

(2) あなたの家族が日本に来たら、どこに連れて行きたいですか。

◆ロールカード◆

A：ゼミ旅行が、国から母親が来る日と重なってしまいました。母を空港まで迎えに行って、その後いろいろ案内してくれるよう、友達のBさんに頼んでみてください。

B：友達のAさんから、来日する母親を案内してくれるように頼まれますが、その日は久しぶりに恋人とデートをする約束があります。

ロールプレイ ③　〈お別れパーティーとアルバイト〉

◎ 話しましょう！

(1) あなたは、友達に、「貸し」や「借り」がありますか。

(2) あなたは、恋人との付き合いと、同性の友達との付き合いの、どちらを優先させますか。

◆ロールカード◆

A：帰国する友達のお別れパーティーがアルバイトと重なってしまいました。帰国する友達とはもう二度と会うことができないかもしれないので、ぜひ、そのパーティーには出席したいです。Bさんにアルバイトを代わってくれるよう、頼んでみてください。Bさんには、以前、アルバイトを代わってあげたことがあります。

B：Aさんからアルバイトを代わってくれるように頼まれます。仲のいい友達だし、また、以前に自分のアルバイトを代わってもらったこともあるので、何とか代わってあげたいのですが、その日は恋人と映画に行く約束をしています。二人とも楽しみにしている映画なので、キャンセルしたくありません。

復習しよう！

〈 ゼミ旅行とアルバイト 〉

A：（電話の呼び出し音）

B：もしもし。

A：もしもし、Bさん？

B：ああ、Aさん？　どうしたの？

A：（　①　）けど、今週の土曜日あいてる？

B：ああ、土曜は用事があるんだけど。なに？

A：今度の週末にゼミ旅行があるんだけど、土曜日のバイトはどうしても休めないんだよ。だから、（　②　）。

B：そう、代わってあげたいけど、土曜は、（　③　）。

A：そう。いつもなら2、3日前に言えば、休めるんだけど、（　④　）。それで、代わりの人を探してきたら、休んでもいいって店長が言うから……。

B：そう。私も、卒論のことで先生に相談したいことがあって……。それで、夜、食事しながら、ちょっと話をすることになっているんだ。

A：そう。じゃ、（　⑤　）。

B：わるいね。

A：いえ、こちらこそ。だれか暇な友達がいないか、探してみるよ。じゃ。

①

②

③

④

⑤

練習しよう！

1．「ゼミ」ということばが同じ意味で使われているものは、どれとどれですか。
　(1) 今日はゼミがあるから、アルバイトはできない。
　(2) ぼくは小林先生のゼミに入ることにした。
　(3) 今日は、ゼミの飲み会がある。
　(4) 今度のゼミで、発表しなければいけない。

2．（　）の中に、「から」「だけ」「まで」のどれかを入れなさい。
　(1) 空港まで迎えに行ってくれる（　　　　）でいいんだよ。
　(2) 食事の準備をするのは、お客さんが来て（　　　　）でいいです。
　(3) インスタントラーメンは、お湯を入れて待つ（　　　　）でいい。
　(4) 午前中が都合が悪いのなら、1時ごろ（　　　　）でいいよ。
　(5) うちの母をちょっと案内してくれる（　　　　）でいいんだよ。
　(6) うちの母と付き合ってくれるのは、ぼくが家に戻る（　　　　）でいいよ。
　(7) アルバイトを代わるのは、指導教官との食事が終わって（　　　　）でいいよ。

3．次の(1)～(4)を、(例)のように変えて言いなさい。
　　(例) スーザンさん／アルバイトを代わる
　　　　→　スーザンさんにアルバイトを代わってもらえないかなと思って……
　(1) 片山さん／一緒にパソコンを見に行く
　(2) 本田さん／うちの母を案内する
　(3) 青木さん／ビールを買って来る
　(4) 松井さん／ギョーザの作り方を教える

4．次の(1)～(4)を、(例)のように変えて言いなさい。
　　(例) 1回／キャンセルする　→　1回ぐらいキャンセルしても大丈夫でしょ！
　(1) 1回／授業をさぼる
　(2) 1日／学校に行かない
　(3) 1日／ご飯を食べない
　(4) 1週間／恋人に会えない
　(5) 1カ月／家を留守にする

ユニット 2
合 宿

ロールプレイの前に：合宿って、何？

```
○○大学相撲部合宿
◇一日のスケジュール◇
5時30分   ：起床
6時      ：ジョギング
7時      ：朝食
9時30分   ：朝の稽古
12時     ：昼のちゃんこ
1時      ：昼寝
3時30分   ：昼の稽古
6時      ：夜のちゃんこ
         （自由時間）
10時30分  ：就寝
```

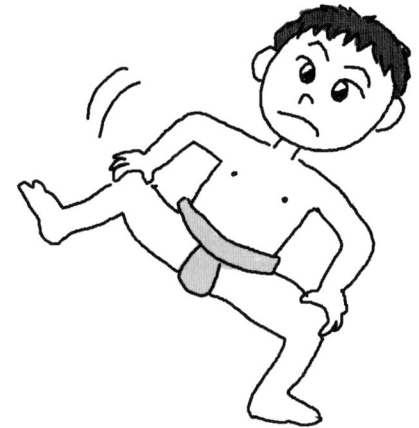

ロールプレイ ①　〈合宿〉

◎ 話しましょう！

(1) 合宿とは、どういうものですか。
(2) あなたは、何かの合宿に参加したことがありますか。

◆ロールカード◆

A：今週の週末、ゼミ合宿があります。Bさん以外はだれも運転免許を持っていないので、Bさんが車の運転をすることになっています。何時に、どこへ車で迎えに来てもらうか、Bさんに電話をして決めてください。

B：今週の週末、ゼミ合宿があります。あなたが車の運転をすることになっていますが、突然、国の友達が来ることになったので、合宿に参加できなくなりました。ゼミのリーダーのAさんに、そのことを話してください。

第6課 ●学校で、職場で

ロールプレイ ②　〈残業〉

◎ 話しましょう！
(1) あなたの国の会社では、残業がよくありますか。
(2) 友達と約束があるときに、上司に残業しろと言われたら、どうしますか。

◆ロールカード◆

A：仕事が終わったので帰ろうと思っていたら、突然、上司から、明日の朝までに企画書を作り直せと言われました。その企画書はBさんと一緒に作り、Bさんにパソコンで仕上げてもらったものです。あなたはパソコンの使い方がまったくわからないので、企画書の作り直しには、Bさんの力が絶対に必要です。となりの部署にいるBさんに電話をして、何時から企画書の作り直しを始めるか、決めてください。

B：同僚のAさんから内線で電話があり、企画書の作り直しをしなければいけないことを知りました。しかし、同窓生の友達とのパーティーがあります。友達と会うのは2年ぶりなので、とても楽しみにしています。

ロールプレイ ③　〈パソコンの安売り〉

◎ 話しましょう！
(1) あなたは、パソコンに詳しいですか。
(2) あなたには、パソコンに詳しい友達がいますか。

◆ロールカード◆

A：明日、××電気店でパソコンの安売りをするので、Bさんと一緒に、パソコンを買いに行く約束をしています。あなたはコンピューターのことがまったくわかりませんが、Bさんはパソコンにはすごく詳しいです。パソコンの安売りは明日だけです。Bさんに電話をして、何時に、どこで待ち合わせるか、決めてください。

B：明日、あなたはAさんと一緒に××電気店にパソコンを買いに行く約束をしています。ところが、明日、急に国から友達が来ることになり、行けなくなってしまいました。そのことをAさんに話して、予定を変えてもらってください。

復習しよう！

〈合宿〉

A：（リーンリーン）

B：はい。

A：もしもし、Bさん？　Aですけど。

B：あっ、Aさん。ちょうど私も（　①　）。

A：ああ、そうですか。どうしたんですか。

B：あのう、合宿のことなんですけど……。

A：ああ、（　②　）。

B：それがですね、行けなくなってしまったんですよ。

A：えっ、どうしてですか。

B：実は、突然、（　③　）。私も合宿があるからって言ったんですが……。

A：それは、困りましたねえ。運転できる人はBさん（　④　）いないんですよ。

B：ああ、そうですか。あのう、本当に申し訳ないんですが、電車かバスで（　⑤　）。

A：そうですねえ、まあ、それでもいいですよ。

B：本当に申し訳ありません。

A：いえいえ、あまり気に（　⑥　）。それより、（　⑦　）のが残念ですね。

B：ええ、また、あとで、合宿がどうだったか、教えてください。

A：わかりました。

B：それじゃ。

A：それじゃ、また。

①

②

③

④

⑤

⑥

⑦

第6課 ●学校で、職場で

練習しよう！

1．次の(1)～(5)を、(例)のように変えて言いなさい。

（例）電車かバスで行く。 → 電車かバスで行ってもらうわけにはいきませんか。

(1) できるだけ早い時間にここに来る。

(2) 今日中に50万円貸す。

(3) うちの猫を1ヵ月間あずかる。

(4) 私の代わりにスピーチをする。

(5) うちの母を空港まで迎えに行く。

2．1の(1)～(5)を、(例)のように変えて言いなさい。

（例）電車かバスで行く。 → 電車かバスで行ってもらうわけにはいかないかな。

3．(例)と同じように、次の(1)～(5)のAの話したことに答えなさい。

（例）A：温泉に行こうかな。

B：えっ、温泉に行くんですか。ちょうど私も温泉に行こうと思っていたところなんですよ。

(1) A：ご飯を食べに行こうかな。

(2) A：パソコンを買おうかな。

(3) A：おでんを作ろうかな。

(4) A：アルバイトを始めようかな。

(5) A：帰ろうかな。

4．次の(1)～(5)を、(例)のように変えて言いなさい。

（例）運転ができます／田中さん → 運転ができる人は、田中さんしかいません。

(1) 心から信頼できます／オラさん

(2) この問題が解けます／金さん

(3) 悩みを打ち明けられます／タミーさん

(4) こんなに上手に作文が書けます／黄さん

(5) 100メートルを9秒9で走れます／ルイスさん

ユニット 3
説明会・発表会

ロールプレイの前に：おもしろい研究テーマ

家に帰る途中で、急に雨が降ってきました。

「走ったほうがぬれないわ」　　「歩いたほうがぬれないよ」　　「どちらでも同じよ」

　　ミーシャさん　　　　　　　　マルコムさん　　　　　　　　　王さん

さて、正しいのはだれかな？

ロールプレイ①　〈新製品の説明会〉

◎ 話しましょう！

(1) あなたは、今、どんな会社に勤めていますか。あるいは、将来、どんな会社で働きたいと思っていますか。

(2) あなたが、ある会社で新製品の開発を担当することになったとします。どんな新製品を開発すれば、消費者に喜ばれると思いますか。

◆ロールカード◆

A：あなたは、小林産業の営業課に勤めています。再来週の月曜日、取引先の花丸デパートで、あなたの会社の新製品「ダイエットなべ」の説明会を行うことになっています。しかし、花丸デパートの都合で、説明会が1週間早くなりました。開発課のBさんに内線で電話をして、説明会で使う試作品を今週中に持って来てくれるように頼んでください。

B：あなたは、小林産業の開発課に勤めています。新製品「ダイエットなべ」の試作品の作成はあなたの担当でした。試作品はもうできあがっていますが、営業課のAさんに渡す約束の日までには、まだ1週間以上もあるので、最終チェックのため、今、地方の工場で耐久テストを行っています。このテストが終わって、あなたがいる本社に試作品が送り返されてくるのは、来週の金曜日の予定です。

第6課 ●学校で、職場で

ロールプレイ ②　〈約束の車〉

◎ 話しましょう！

(1) あなたは、車を持っていますか。それはどんな車ですか。
(2) もし恋人とドライブをするなら、どんな車で、どこに行きたいですか。

◆ロールカード◆

A：国から恋人が来たら、車でいろいろ案内しようと思っています。そのときは、Bさんが車を貸してくれると言っていました。今度の土曜日に、突然、恋人が来ることになったので、車を貸してくれるようにBさんに頼んでください。

B：Aさんの恋人が国から遊びに来たときに、車を貸す約束をしています。Aさんが使うときに車の調子が悪いと困るので、今、車を点検に出しています。点検が完全に終わるまでには、あと1週間ぐらいかかる予定です。

ロールプレイ ③　〈発表の順番〉

◎ 話しましょう！

(1) あなたは、授業で発表をしたことがありますか。
(2) あなたは発表が得意ですか。うまく発表するためのコツは何ですか。

◆ロールカード◆

A：あなたは、あさっての授業で発表することになっています。しかし、別の授業の発表の準備で忙しかったため、この授業の発表の準備はほとんどできていません。Bさんに頼んで、発表の順番を代わってもらってください。Bさんには、前に一度、発表の順番を代わってあげたことがあるので、少し強く頼むことができます。

B：Aさんに発表の順番を代わってくれと頼まれますが、今週は国から恋人が来ているので、あまり勉強はしたくありません。しかし、Aさんには、前に発表の順番を代わってもらったことがあります。

復習しよう！

〈 新製品の説明会 〉

B：はい、開発課のBですが。

A：あっ、営業課のAですけど。

B：ああ、どうも。

A：あの、「ダイエットなべ」の試作品のことなんですが、花丸デパートさんの説明会が1週間早くなってしまったので、申し訳ないんですが、今週中に、（ ① ）。

B：えっ、確か、説明会は再来週の月曜日（ ② ）よね。

A：ええ、でも、花丸さんの都合で、早くなってしまったんですよ。

B：あの、実は（ ③ ）んですよ。まさか（ ④ ）ので。

A：いつ、その耐久テストが終わるんですか。

B：来週の水曜日ぐらいまでかかることになっています。

A：ああ、そうですか。困りましたね。あのう、工場の人に、もっと早く（ ⑤ ）頼んでみてもらえませんか。

B：ええ、私からも頼んでみますが、Aさんからも、工場のほうに事情を説明しておいてもらえませんか。

A：それじゃあ、工場のほうに電話をしてみて、それから、また、Bさんに電話しますよ。

B：ええ、お願いします。

①

②

③

④

⑤

練習しよう！

1．次の(1)〜(8)を、(例)のように変えて言いなさい。

　　(例) その本を貸す。　→　その本を貸してもらいたいんだけど。

(1) 今すぐこちらに来る。

(2) この漢字の読み方を教える。

(3) 明日は行けないとキムさんに伝えておく。

(4) パソコンを買いに行くから、つきあう。

(5) ポルトガル語は読めないので、日本語に訳す。

(6) 一人ではとてもできそうにないから、手伝う。

(7) 一人で行くのは恥ずかしいから、一緒に行く。

(8) 持ち寄りパーティーだから、一人一品ずつ料理を作って来る。

2．次の(1)〜(8)を、(例)のように変えて言いなさい。

　　(例) 佐藤君／本を返す　→　佐藤君に本を返してくれるように頼んでもらえませんか。

(1) 王さん／中華料理を作る

(2) タミーさん／バレーボールの試合に出る

(3) 妹さん／ぼくの結婚式でピアノをひく

(4) マラットさん／ロシア語の翻訳をする

(5) バルバラさん／少し遅れるから6時まで待つ

(6) ゾリゴーさん／連絡するからどこにも行かないでいる

(7) オードリーさん／私の代わりにレポートを書く

(8) モニカさん／必ず迎えに行くから、結婚しないで待っている

3．(　　)の中に適当なことばを入れて、文を完成させなさい。

(1) まさか（　　　　　　　　　　　　　）とは思わなかったから、料理を少ししか用意していなかった。

(2) まさかこんな大地震が起こるとは思わなかったから、（　　　　　　　　　　　　　）。

(3) まさか（　　　　　　　　　　　　　）とは思わなかったから、（　　　　　　　　　　　　　）。

ユニット4
私の先生

ロールプレイの前に：あなたの学校の先生はどんな先生？

こんにちは。マルコムです。
今日は、私の日本語学校の
先生たちを紹介します。

田中広道先生（56歳）

田中先生は、うちの学校の校長先生です。いつも校長室でのんびりお茶を飲んでいます。とても暇そうに見えますが、実は、すごく忙しいのかもしれません。この学校にいらっしゃる前は、シンガポールで、通訳や翻訳の仕事をされていたそうです。趣味は釣りで、週末にはいつも海に出かけています。

加藤順子先生（47歳）

日本語教師歴20年のベテランの先生です。日本語の文法のことは何でもご存じで、私たちがどんな質問をしてもすぐに答えてくださる、すごい先生です。でも、お年の割に、かわいらしい顔をしていらっしゃるので、私たち学生は、先生のことを"カトちゃん"と呼んでいます。あっ、このことは、加藤先生には内緒ですよ！

今井たけし先生（32歳）

今井先生は、大学時代はラグビーの選手だったそうで、すごくがっしりした体格をしていらっしゃいます。学生にはとても親切です。まさに"気はやさしくて、力持ち"ですね。先生は、どういうわけか、まだ独身です。先生は川島先生に気があるのではないかと、私は思っているんですが……。本当のところは、どうなのでしょうか。

川島みさき先生（25歳）

川島先生は、大学を卒業してすぐに、この学校に就職されました。いちばん若い先生で、学生たちに人気があります。大学生のときに、1年間ニュージーランドに留学していらっしゃったそうで、英語がすごく上手です。現在、恋人はいないそうです。今は、恋愛よりも仕事が大切だとおっしゃっていました。趣味は大相撲観戦で、国技館にもときどきいらっしゃるそうです。

第6課 ●学校で、職場で

ロールプレイ ①　〈私の本なのに……〉

◎ 話しましょう！

(1) あなたは、本の貸し借りで困ったことがありますか。

(2) 上の絵について、説明してください。

◆ロールカード◆

A：田中先生にある本を貸しましたが、田中先生はその本をあなたの知らない別の学生Bさんに貸してしまいました。あなたはその本がどうしても必要になったので、Bさんの住所を田中先生に教えてもらいました。Bさんの家に行き、事情を説明して、本を返してもらってください。

B：あなたの知らない学生Aさんが、突然あなたの部屋を訪ねて来て、ある本のことで話がしたいと言います。その本は、レポートを書くためにどうしても必要だったので、田中先生に貸してもらった本です。レポートはまだできていませんが、田中先生からは、その本はしばらく返さなくてもいいと言われています。

ロールプレイ ②　〈先生の送別会〉

◎ 話しましょう！

(1) もし先生の送別会でスピーチをするとしたら、どんなことを話しますか。

(2) あなたの国に留学する日本人に対して、どのようなアドバイスをしてあげたいですか。

◆ロールカード◆

あなたの先生は、あなたの国に留学するため、今月で学校を辞めることになりました。今日は、先生のお別れパーティーです。学生を代表して、スピーチをしてください。

復習しよう！

〈私の本なのに……〉

A：（トントン）あの、すみません。こちらはBさんのお宅ですか。

B：はい、Bですが。

A：（　①　）申し訳ありません。私は○○大学のAといいます。田中先生のゼミの学生なんですが……。

B：ああ、そうですか。私は田中先生の政治学の授業をとっているんですが、Aさんもとっていますよね。

A：ええ、とってます。そういえば、授業の時に（　②　）。

B：で、今日は、何か？

A：ええ、あの、Bさんは、田中先生から『日本の政治』という本を（　③　）？

B：ええ、先生からお借りしましたが……。

A：あの、（　④　）、それ、私の本なんです。

B：えっ、どういうことですか。

A：実は先週、先生にその本をお貸ししたんですが、先生はその本を（　⑤　）です。

B：えっ、本当ですか。

A：はい。裏表紙に、名前が書いてありませんでしたか。それに、いろいろなところに（　⑥　）。

B：あ、本当だ。

A：その本を、今、（　⑦　）。

B：あのう、Aさんのことを信用してないわけじゃないんですが、でも、（　⑧　）のは、やはりちょっと無責任だと思うんですよ。ですから、（　⑨　）のため、田中先生に電話してみてもいいですか。

A：ええ、もちろん、いいですよ。

B：じゃあ、ちょっと電話してみます。

（田中先生に電話をする）

B：あの、先生にお聞きしたんですが、確かに、この本は、Aさんの本だそうです。で、お願いなんですが、今ちょうど読んでいるところなので、（　⑩　）？

A：ええ、いいですよ。じゃあ、明日、またここに取りに来ます。ちょうど明日は、こちらのほうでアルバイトがあるので。

B：そうですか。申し訳ありません。

A：いえいえ、それじゃあ、失礼します。
B：どうも、ありがとうございました。

①

②

③

④

⑤

⑥

⑦

⑧

⑨

⑩

練習しよう！

1. （　）の中に適当なことばを入れて、(例)のように文を完成させなさい。

　　(例) 田中先生は、私の本を、うっかり（　　あなたに貸して　　）しまったんです。
　(1) もらったばかりのバイト代を、うっかり（　　　　　　　　　　　）しまったんです。
　(2) せっかく書いた文書を、うっかり（　　　　　　　　　　　　　　）しまったんです。
　(3) （　　　　　　　　　　　　　）、うっかり（　　　　　　　　　　　　　）。
　(4) バレンタインのチョコレートを、間違って（　　　　　　　　　）しまったんです。
　(5) 砂糖を入れようと思ったのに、間違って（　　　　　　　　　　）しまったんです。
　(6) （　　　　　　　　　　　　　）、間違って（　　　　　　　　　　　　　）。

2. （　）の中に適当なことばを入れて、(例)のように文を完成させなさい。

　　(例) （　　持ち主に確認せずに本を貸す　　）のは、ちょっと無責任だと思います。
　(1) （　　　　　　　　　　　　　　　　）のは、すごく大変ですね。
　(2) （　　　　　　　　　　　　　　　　）のは、すごくつらいことです。
　(3) （　　　　　　　　　　　　　　　　）のは、非常に残念なことです。
　(4) （　　　　　　　　　　　　　　　　）のは、非常に喜ばしいことです。

3. 次の(1)〜(13)を、(例)のように丁寧な言い方に変えなさい。

　　(例) 先生にこの本を貸します。　→　先生にこの本をお貸しします。
　(1) 明日は研究室にいますか。
　(2) 先生、明日は忙しいですか。
　(3) 私のほうから電話をかけます。
　(4) 先生、うどんは好きですか。
　(5) 昼ご飯はどこで食べましたか。
　(6) 先生は、子どもが何人いますか。
　(7) 私が先生の部屋を掃除します。
　(8) 今日は、何時ごろ帰りますか。
　(9) 先生、今晩、暇ですか。
　(10) 明日、先生の家に行ってもいいですか。
　(11) 先生、ちょっと聞きたいことがあるんですが。
　(12) 明日、先生が来るのを待っています。
　(13) 日本の映画を見たことがありますか。

第7課

悩みごと相談

ユニット1　結婚について
ユニット2　健康について

だれにでもある悩みごと。思い切って友達に相談してみましょう！

あなたは今、悩みがありますか。進学や就職や恋愛、あるいは、今晩のおかずを何にするかで悩んでいる人もいるかもしれませんね。もし何か悩みごとがあるなら、思い切って友達に相談してみてはどうでしょうか。逆に、だれかに悩みを打ち明けられたら、誠心誠意、相談にのってあげてください。

ユニット 1

結婚について

ロールプレイの前に：あなたの国の結婚の条件は？

◆ 日本の結婚の7つの条件 ◆

1. 男は満18歳以上、女は満16歳以上であること。
2. 重婚でないこと。
3. 再婚禁止期間（女は前婚の解消から6ヵ月後、もしその前から懐胎していればその出産まで）を過ぎていること。
4. 近親婚でないこと。
5. 直系婚族の間ではないこと。
6. 養親子関係ではないこと。
7. 未成年の場合は、父母どちらかの同意を得ること。

ロールプレイ① 〈国際結婚〉

◎ 話しましょう！

(1) あなたのまわりに、国際結婚をしている人がいますか。
(2) 兄弟や親友など、身近な人から国際結婚について相談されたらどうしますか。

◆ロールカード◆

A：あなたの恋人は日本人です。恋人はあなたの国のことをとてもよく理解してくれています。結婚してすぐは日本で暮らす予定ですが、しばらくしたら恋人はあなたの国で暮らしたいと言っています。恋人は本当にいい人なので、今は何も心配はありません。しかし、将来のことはやはり心配です。どうすればいいか、親友のBさんに相談してみてください。

B：Aさんは、日本人の恋人と付き合っています。最近では、結婚まで真剣に考えているようです。あなたはもちろん国際結婚が悪いとは思っていませんが、個人的な問題としてAさんのことが心配なのです。若いときは楽しくても、年をとってから離婚してしまった人の話も聞いたことがあります。Aさんはあなたにとって大切な友達です。Aさんにいろいろアドバイスしてあげてください。

第7課 ●悩みごと相談

ロールプレイ ②　〈じれったい彼〉

◎ 話しましょう！

(1) あなたは、どんな人と結婚したいですか。

(2) 反対に、どんな人とは結婚したくないですか。

◆ロールカード◆

A：あなたには恋人がいます。もう3年付き合っていますが、二人の関係はすごくよくて、あなたは彼と結婚してもいいと思っています。しかし、彼は、プロポーズをしてくれるどころか、はっきり「好きだ」と言ってくれたこともありません。どうしたら、彼が自分の気持ちをはっきり言ってくれるか、親友のBさんに相談してみてください。

B：親友のAさんに、いいアドバイスをしてあげてください。

ロールプレイ ③　〈はっきりしない彼女〉

◎ 話しましょう！

(1) あなたは、異性と付き合った経験がありますか。

(2) 結婚するまでの交際期間は、どのぐらいが適当だと思いますか。

◆ロールカード◆

A：あなたには恋人がいます。もう3年つきあっていますが、二人の関係はすごくよくて、あなたは彼女と結婚したいと思っていますし、「結婚したいと思っている」ということを、何度か彼女に言ってみたこともあります。しかし、彼女は、はっきり返事をしてくれないどころか、自分の気持ちをあなたに言ってくれたこともありません。どうしたら、彼女から素直な気持ちを聞き出すことができるのか、親友のBさんに相談してみてください。

B：親友のAさんに、いいアドバイスをしてあげてください。

復習しよう！

〈 国際結婚 〉

A：ねえ、相談したいことがあるんだけど。

B：どうしたの。私でよかったら、（　①　）。

A：彼のことなんだけど……。

B：ああ、太郎君のこと？　うまくいってないの？

A：そうじゃないんだけど、これからのことを考えたら問題がいろいろあって。

B：結婚するつもりなの？

A：うん。二人とも結婚したいと思ってるんだけど、具体的に（　②　）と、だんだん不安になってきて。

B：彼はなんて言ってるの？

A：結婚してすぐは日本に住んで、2、3年したらドイツに住んでもいいって言ってるのよ。

B：太郎君、ドイツ語、できるの？

A：ううん、あんまりできない。

B：それじゃ、（　③　）。

A：でも、これから一生懸命勉強するって言ってるけど。

B：ああ、そう。ところで、太郎君、ドイツに行ったことはあるの？

A：うん、10日間ぐらいだけど、旅行で……。

B：旅行で行くのと結婚して長く生活するのとでは、全然違うんじゃないかな。
（　④　）けど、（　⑤　）し、それに、（　⑥　）。

A：そうね。

B：太郎君のドイツでの仕事はどうするの？　ドイツ語があまりできないんだったら、なかなか仕事は見つからないんじゃないの。

A：うん、でも、すぐに見つからなくても、少しなら貯金もあるし、私も働くし。ぜいたくな生活をしなければ、（　⑦　）。

B：それはちょっと考えが（　⑧　）。経済的に（　⑨　）と、精神的にも（　⑩　）。

A：そうだね。

B：もう一度、彼とよく話し合ってみたら？

A：うん、わかった。そうしてみる。今日は、どうもありがとう。

B：いいえ、どういたしまして。

第7課 ●悩みごと相談

①

②

③

④

⑤

⑥

⑦

⑧

⑨

⑩

練習しよう！

1．次の(1)～(10)を、(例)のように変えて言いなさい。

　　(例) それはあまりよくない。　→　それはあまりよくないんじゃないかな。

(1) 彼は来ない。

(2) 何か問題が起こる。

(3) それはちょっと違う。

(4) その結婚はやめたほうがいい。

(5) 外国で生活するのは難しい。

(6) それはちょっと無理だ。

(7) 恋愛と結婚とはまったく別のものだ。

(8) 悪いのは君のほうだ。

(9) よく話し合ってみることが大切だ。

(10) いちばん大切なのはお互いの思いやりだ。

2．（　　）の中に適当なことばを入れて、文を完成させなさい。

　　(例) 国際結婚は難しいんじゃないかな。（　　お互いの生活習慣がまったく違う　　）し、
　　　　（　　子どもの教育をどうするかという厄介な問題もある　　）し。

(1) 授業をサボるのはよくないんじゃないかな。（　　　　　　　　　　　　　　　）し、
　　（　　　　　　　　　　　　　　　　　　　　　　　　　　　　　　　　　　　）し。

(2) 朝ご飯はしっかり食べたほうがいいんじゃないかな。（　　　　　　　　　　　　）し、
　　（　　　　　　　　　　　　　　　　　　　　　　　　　　　　　　　　　　　）し。

(3) （　　　　　　　　　　　　）人じゃないかな。（　　　　　　　　　　　　　）し、
　　（　　　　　　　　　　　　　　　　　　　　　　　　　　　　　　　　　　　）し。

(4) 終身雇用制は廃止すべきだと思います。というのは、（
　　　　　　　　　　　　　　　　　　　　　　　　　　　　　　　　　　）からです。

(5) 原子力発電はよくないと思います。というのは、（
　　　　　　　　　　　　　　　　　　　　　　　　　　　　　　　　　　）からです。

(6) （　　　　　　　　　　　　　　　　　　　　　　　　　）と思います。というのは、
　　（　　　　　　　　　　　　　　　　）し。それに、（　　　　　　　　　　　　　）
　　からです。

ユニット 2
健康について

ロールプレイの前に：ダイエットしなきゃ！

さて、どっちを選ぶ？

チャーシューメン大盛り（670kcal）

さんまの塩焼き定食（590kcal）

ロールプレイ ①　〈食事当番〉

◎ 話しましょう！

(1) インスタント食品の功罪について、あなたの意見を聞かせてください。

◆ロールカード◆

A：あなたはルームメートのBさんと交代で夕食を作っています。あなたが当番の日は、材料をいっぱい買って来て、手の込んだ料理を作るので、Bさんはいつも喜んでいます。しかし、Bさんが当番の日は、冷凍食品やインスタント食品が多く、体によくないので、あなたはあまり食べたくありません。二人の健康のためには、あまりインスタント食品に頼るべきではないということを、Bさんにわかってもらってください。

B：あなたはルームメートのAさんと交代で夕食を作っています。Aさんはいつも手の込んだおいしい料理を作ってくれますが、あなたは時間がないので、冷凍食品やインスタント食品に頼りがちです。あなたも、それについてはAさんに少し悪いと思っていますが、短い時間でおいしいものを作る自信がありません。それに、最近は、かなりおいしくて栄養のあるインスタント食品もたくさん出回っています。

第7課 ●悩みごと相談

ロールプレイ ②　〈ヘビースモーカー〉

◎ 話しましょう！

(1) たばこを吸うことの功罪について、あなたの意見を聞かせてください。

◆ロールカード◆

A：あなたの親友のBさんは、かなりのヘビースモーカーです。あなたはたばこが嫌いなので、一緒にいるときにBさんがたばこを吸うこともちろんいやなのですが、しかし、それよりも、Bさんの健康のことが心配なのです。たばこがよくないものであることを説明して、なんとかしてBさんにたばこをやめさせてください。

B：あなたは、毎日たばこを40本ぐらい吸います。たばこを吸うと、リラックスでき、ストレスを解消することもできます。逆に、たばこを吸わないと、いらいらするし、勉強もはかどりません。たばこを吸うことは、あなたにとってはいいことだと考えています。

ロールプレイ ③　〈涙の留学生生活〉

◎ 話しましょう！

(1) 困ったことやつらいことがあったとき、あなたはどうしますか。

◆ロールカード◆

A：あなたは留学生です。外国で暮らしていると、いろいろつらいことがありますが、がんばって日本で勉強を続けていこうと思っています。最近、あなたの親友のBさんが、進学について悩んでいるようで、全然、元気がありません。Bさんが大学（大学院）に進学できるように、あなたの経験なども話して、はげましてあげてください。

B：あなたは留学生です。日本に来て、もうすぐ1年になります。日本に来るときは、大学（大学院）に進学するつもりでしたが、なかなか日本語も上手にならないし、日本で暮らしていく自信がなくなってきました。今は、進学をあきらめて、帰国しようかとも思っています。どうすればいいか、親友のAさんに相談してください。

復習しよう！

〈ヘビースモーカー〉

A：あのう、ちょっと、たばこのことでお願いがあるんだけど。

B：うん、なに？

A：あのう、一緒に食事をするときは、（　①　）してもらえないかな。においと煙がどうしても気になるんだよ。

B：うん、わかった。Aさんが、そんなにぼくのたばこを気にしているとは知らなかったよ。

A：本当に申し訳ないんだけどね。

B：うん、いいよ。今まで気がつかなくて、ごめん。

A：うん。あのう、それと、食事のときだけじゃなくて、できれば、たばこはもうやめたほうがいいと思うんだ。（　②　）しね。

B：えっ、たばこをやめたほうがいいって言うの？　まあ、確かに、たばこが体に悪いというのはよくわかるんだけど、でも、たばこを吸うと落ち着くし、頭もすっきりするし、僕にはなくてはならないものなんだよ。たばこを我慢するほうが、かえって（　③　）。

A：でもね、Bさんはまだ、たばこの本当のこわさを知らないと思うんだよ。たばこを吸っている人はね、たばこを吸わない人より、ずっと肺がんになる（　④　）。

B：でも、（　⑤　）からといって、必ずしも（　⑥　）。あまり気にしなくてもいいと思うよ。

A：そうかな。でも、肺がんになってからでは（　⑦　）。本当にBさんの健康が心配なんだよ。一度にやめるのは無理かもしれないけど、少しずつ（　⑧　）。

B：まあ、それもそうかもしれないね。

A：うん、急には無理かもしれないけど、がんばってみてよ。

B：そうだね。心配してくれて、どうもありがとう。

第7課 ●悩みごと相談

①

②

③

④

⑤

⑥

⑦

⑧

練習しよう！

1. （　　）の中に適当なことばを入れて、文を完成させなさい。

   （例）確かにたばこは体によくない。しかし、（　吸うとストレスが解消される　）。

   (1) 確かにフグはおいしい。でも、（　　　　　　　　　　　　　　　　）。
   (2) 確かにみどりさんはよく勉強する。でも、（　　　　　　　　　　　　）。
   (3) 確かにＡ大学の建物は立派だ。だが、（　　　　　　　　　　　　　　）。
   (4) 確かに日本は経済大国になった。だが、（　　　　　　　　　　　　　）。
   (5) 確かに国民の政治への関心は高まった。しかし、（　　　　　　　　　）。
   (6) 確かにＡ社は、着実に売り上げを伸ばしてきている。
       しかし、（　　　　　　　　　　　　）。
   (7) 確かに（　　　　　　　　　　　　）。しかし、（　　　　　　　　　）。

2. （　　）の中に適当なことばを入れて、文を完成させなさい。

   （例）金持ちだからといって、必ずしも（　幸せだとは限らない　）。

   (1) 結婚したからといって、必ずしも（　　　　　　　　　　　　　　）。
   (2) 簡単そうに見えるからといって、（　　　　　　　　　　　　　　　）。
   (3) 中学しか出ていないからといって、（　　　　　　　　　　　　　　）。
   (4) 大企業に就職できたからといって、（　　　　　　　　　　　　　　）。
   (5) アメリカに留学したからといって、（　　　　　　　　　　　　　　）。
   (6) 大統領が交代したからといって、（　　　　　　　　　　　　　　　）。
   (7) 消費税を５％に引き上げたからといって、（　　　　　　　　　　　）。
   (8) （　　　　　　　　　　　）からといって、（　　　　　　　　　　）。

3. （　　）の中に、「かえって」か「むしろ」か、どちらかを入れなさい。

   (1) 車で行ったら、（　　　　）時間がかかってしまった。
   (2) 友達に引っ越しを手伝ってもらったら、（　　　　）高くついた。
   (3) ぼくは、ベートーベンより（　　　　）ショパンのほうが好きだな。
   (4) 薬を飲んだら、（　　　　）病気が悪くなってしまった。
   (5) 田中さんよりは（　　　　）山田さんのほうが実力があるんじゃないだろうか。

❧ 후 기 ❧

이 책을 구성하면서 많은 분들의 도움을 받았습니다.

우선 「과제 선행형 롤플레이」란 아이디어를 내 주신 교토외국어대학의 鎌田修 선생님께 감사의 뜻을 전하고 싶습니다.

교토외국어대학에서 小室郁子, 椙本総子 선생님과 함께 롤플레이 수업을 했는데, 그때 두 분이 만드신 복습 프린트나 역할 카드가 큰 도움이 되었습니다.

또 함께 수업하지는 않았지만 山本真知子 선생님께도 이 자리를 빌어 감사의 말씀을 드리고 싶습니다.

지금까지 오카야마대학 문학부와 교토외국어대학 유학생 별과에서 약 7년간 이 「과제 선행형 롤플레이」를 실시해 왔습니다. 이번에 책으로 엮으면서 새롭게 고안된 롤플레이는 거의 없습니다. 즉 여기에 게재되어 있는 거의 대부분의 롤플레이가 실제 수업에서 시험적으로 이용, 지금까지 이어져 온 것입니다. 또 『교사용 매뉴얼』에서 열거한 표현도 이번에 새로 추가한 부분은 거의 없으며, 이 표현들은 지금까지 수업 중 칠판에 쓴 기록을 그대로 가져온 형태로 선택된 것입니다.

7년 동안의 수업을 통해 이루어진 이 책은, 제가 이제까지 만난 모든 유학생들의 지혜에서 기인한 것이라 할 수 있습니다. 오카야마대학과 교토대학에서 만난 유학생 여러분에게도 감사의 말씀을 드리고 싶습니다.

또한 이 책을 위해 기획, 편집, 교정 등의 업무를 담당해 주신 アルク의 新城宏治 씨께도 감사를 드립니다.

이 책은 사실 ACTFL-OPI(Oral Proficiency Interview:회화능력 테스트) 사고 방식의 영향을 많이 받았습니다. 학습자의 능력레벨보다 약간 높은 과제(롤플레이)를 부과하는 것이 바로 OPI에서 말하는 「탐구」입니다. OPI에서는 「탐구」에 의해 나타나는 「언어적 좌절」을 "능력의 한계"로 보지만, 「과제 선행형 롤플레이」에서는 그것을 "교육의 기회"로 봅니다.

OPI 요원의 한 사람으로서, 이러한 OPI 사고 방식, 혹은 OPI 사고 방식을 살린 교육 방법이 앞으로의 일본어 교육에 조금이라도 도움이 되기를 바랍니다.

야마우치 히로유키(山内博之)

저자 약력

山内博之(やまうち ひろゆき)

1962년 아이치현(愛知県) 출생. 쯔쿠바대학(筑波大学)에서 경제학 석사를 취득한 후, 1990년 3월, 오사카대학(大阪大学) 대학원 경제학 연구과 박사 과정 중 중퇴. 1989년부터 오사카 일본어학 아카데미에서 일본어를 가르침. 그 후, 교토 외국어대학(京都外国語大学) 유학생 별과 비상근 강사, 오카야마대학(岡山大学) 문학부 전임강사를 거쳐, 현재는 짓센여자대학(実践女子大学) 문학부 조교수.

논문으로서「日本語中級クラスにおける新しいロールプレイ学習の試み」(『岡山大学文学部紀要』第21号),「日本語の受身文における『持ち主の受身』の位置づけについて」(『日本語教育』第92号) 등이 있다.

유도 2단, 스모 2단, 취미는 수영.

일본어회화 둘째고비 쉽게 넘기 Rolepaly

초판발행_ 2001년 3월 10일
1판5쇄_ 2012년 10월 30일
저자_ 山内博之
펴낸이_ 엄호열
편집장_ 민준홍
펴낸곳_ (주)시사일본어사
등록일자_ 1977년 12월 24일
등록번호_ 제300-1977-31호
주소_ 서울시 강남구 테헤란로 4길 28
전화_ 1588-1582(교재구입문의)
02)764-1582(교재내용문의)
팩스_ 02)3671-0500
홈페이지_ http://book.japansisa.com
이메일_ tltk@chol.com

ISBN 978-89-402-0378-7 13730

ⓒ 2000 山内博之
『ロールプレイで学ぶ中級から上級への日本語会話』
株式会社 アルク

* 이 교재의 내용을 사전 허가없이 전재하거나 복제할 경우 법적인 제재를 받게 됨을 알려 드립니다.
* 잘못된 책은 구입하신 서점이나 본사에서 교환해 드립니다.
* 정가는 표지에 표시되어 있습니다.